MÜNSTERSCHWARZACHER KLEINSCHRIFTEN

herausgegeben
von Mönchen der Abtei Münsterschwarzach

Band 44

Anselm Grün OSB/Petra Reitz

Marienfeste
Wegweiser zum Leben

Ein evangelisch-katholischer Dialog

W0197405

VIER-TÜRME-VERLAG MÜNSTERSCHWARZACH
1987

Anselm Grün OSB/Petra Reitz

Marienfeste
Wegweiser zum Leben

Ein evangelisch-katholischer Dialog

VIER-TÜRME-VERLAG MÜNSTERSCHWARZACH
1987

CIP-Kurztitelaufnahme der Deutschen Bibliothek

Grün, Anselm:

Marienfeste, Wegweiser zum Leben : e. evang.-
kath. Dialog / Anselm Grün ; Petra Reitz. –
Münsterschwarzach : Vier-Türme-Verlag, 1987.
 (Münsterschwarzacher Kleinschriften ; Bd. 44)
 ISBN 3-87868-363-4
NE: Reitz, Petra:; GT

4. Auflage 1996
Gesamtherstellung: Vier-Türme-Verlag, D-97359 Münsterschwarzach Abtei
© by Vier-Türme-Verlag, Münsterschwarzach
ISSN 0171-6360
ISBN 3-87868-363-4

Inhalt

Einleitung

An Maria scheiden sich die Geister. Die einen schwärmen von Maria und verehren sie mit Hingabe. Bei den andern löst das Thema Marienverehrung heftige Ablehnung aus. Da kommen Ängste hoch, daß Christus aus seiner zentralen Stellung als Mittler verdrängt wird, daß sekundäre Elemente die christliche Spiritualität in eine verkehrte Richtung treiben. Bei evangelischen Christen stoßen alle katholischen Aussagen über Maria auf Vorurteile und Unverständnis. Trotz vieler Versuche, die echte Marienverehrung von übertriebenen Formen der Volksfrömmigkeit zu unterscheiden, haben die meisten evangelischen Christen keinen Zugang zu Maria gefunden. Ja dieses Thema wird auch bei ökumenisch sehr engagierten Gläubigen als ein zentrales Trennungszeichen zwischen den Konfessionen gesehen.

Daher soll in dieser Kleinschrift der Versuch unternommen werden, von Maria so zu reden, daß es auch für evangelische Christen annehmbar wird. Das Gespräch zwischen einem katholischen Mönch und einer evangelischen Theologin zwingt beide dazu, sich immer wieder neu nach dem Ort Marias in einer christlichen Spiritualität zu fragen. Es geht ihnen nicht so sehr um dogmatische Fragen als um Fragen des geistlichen Lebens, vor allem um die Frage einer gesunden Marienverehrung, wie sie die katholische Tradition in der Liturgie entwickelt hat. Dabei soll der Ansatz weitergeführt werden, der in „Heilendes Kirchenjahr" beschrieben worden ist. Die Feier der christlichen Feste ist ein Psychodrama, in dem die verschiedensten Aspekte der menschlichen Seele angesprochen werden und in dem sich der Mensch in immer neue Möglichkeiten seines erlösten Daseins hineinspielen kann. Die Marienfeste zeigen Seiten des menschlichen Daseins auf, die sonst übersehen würden. Sie entfalten das Geheimnis der Erlösung in seinem ganzen Reichtum für den einzelnen.

Doch bevor wir auf den Inhalt der Feste und auf ihre heilende Wirkung für die menschliche Seele eingehen, sollen die Voraussetzungen allen Redens über Maria und einige Probleme der Marienverehrung kurz angesprochen werden. Die Grundvoraussetzung für unsere Aussagen über Maria lautet: *Die Mariologie ist zugleich Theologie und Anthropologie*, d.h. alle Aussagen über Maria sind Aussagen über Gott und über sein Heilshandeln am Menschen und Aussagen über den Menschen und seine erlöste Existenz.

Die Mariologie ist für die Kirchenväter und für die Ostkirche nicht eine Lehre über besondere Vorzüge Marias. In der frühen Kirche wurde daher nie versucht, dogmatische Aussagen über die Rolle Marias im Erlösungswerk zu machen. Die Diskussion darüber, ob Maria Miterlöserin ist, geht daher an der Aussageabsicht der altkirchlichen Theologie vorbei. Ebensowenig hat es Sinn, in dieser Richtung weiterzudenken. Die Aussagen über Maria sind eine poetische Entfaltung der Theologie, aber nicht eine Vermehrung von theologischen Sätzen, die zur Offenbarung hinzukommen.

Es ist wichtig, auf die Sprache zu achten, mit der über Maria gesprochen wird. Es ist eine dichterische Sprache und eine hymnologische Sprache, eine Sprache des Lobpreises und nicht der Information. Die Kirchenväter preisen in Maria Gottes Tun an uns. Maria ist für sie ein Prisma geworden, durch das sich das göttliche Handeln für uns bricht, so daß es von uns wahrgenommen und beschrieben werden kann. Wie sollen wir denn Gottes unaussprechliches Geheimnis beschreiben, wenn nicht in menschlichen Bildern, wenn nicht in den Spiegelungen menschlicher Existenz? Der beliebteste Spiegel für das Geheimnis Gottes ist in der Ostkirche Maria. An ihr kann sie sich am besten in das Geheimnis der Menschwerdung Gottes als der zentralen Aussage unseres Glaubens hineinmeditieren.

Maria nimmt Jesus Christus nichts weg, der das Bild Gottes schlechthin ist. In Jesus Christus hat sich Gott geoffenbart. Im Kreuz seines Sohnes, so sagt Martin Luther, hat Gott uns sein menschliches Herz gezeigt. Maria ist nicht die Offenbarung Gottes, sondern der Spiegel, in dem Gottes Offenbarung in Jesus Christus von einer andern Seite aus betrachtet und in einem neuen Licht gesehen wird. Es ist daher müßig, sich darüber zu streiten, ob die Aussagen über Maria heilsnotwendig sind. Theoretisch könnte man auf eine Mariologie verzichten. Aber de facto finden wir schon in der frühesten Tradition der Kirche Versuche, das Heilshandeln Gottes durch den Spiegel Marias zu sehen. Diese Versuche entspringen keiner dogmatischen Notwendigkeit, sondern einem psychologischen Bedürfnis des Menschen, das Geheimnis Gottes nicht nur in abstrakten Sätzen, sondern in konkreten Bildern zu beschreiben, es nicht nur in männliche Begriffe, sondern auch in weibliche Symbole zu kleiden. Die Aussagen über Maria sind konkrete Bilder, die das Tun Gottes illustrieren. Die Sätze der Bibel und die Bilder der Mariologie bezeichnen alle das eine erlösende Handeln Gottes in Jesus Christus. Aber die marianischen Bilder lassen dieses Handeln für uns verständlich und anschaubar werden. Die Ostkirche benutzt diese Bilder nicht in ihrer Dogmatik, sondern in den Hymnen. Man merkt den Hymnendichtern die Freude an, mit der sie Gott rühmen, dessen Tun für uns in

Maria so menschlich geworden ist, so zärtlich, so fraulich. In Maria wird Gottes Handeln in menschliches Licht getaucht. So wird es für uns verstehbar, anziehend, faszinierend. Es berührt unser Herz. Und dieses Herz sucht nach immer neuen Bildern, um das Geheimnis der Menschwerdung zu preisen, um das Erstaunen auszudrücken, daß der unendliche Gott sich im Schoß einer Frau einschloß. So besingt es schon Martin Luther: „Den aller Welt Kreis nie beschloß, der liegt in Marien Schoß. Er ist ein Kindlein worden klein, der alle Ding erhält allein." Um dieses Geheimnis zu meditieren und zu rühmen, läßt sich die Liturgie zu gewagten und ungeschützten Bildern treiben. Da spricht sie vom Acker, der wunderbare Frucht trägt, von dem Stern, der die Sonne herauführt, vom Zelt des ewigen Wortes, vom Thron unseres Königs, vom Vorspiel der Wunder Christi und vom leuchtenden Vorbild unserer Auferstehung. Mariologie ist daher staunendes Meditieren und Rühmen der Heilstaten Gottes.

Aber nicht nur Gottes Tun preisen wir in Maria, sondern wir bekommen Gott selbst in den Blick, sein Sein und Wesen. Die Bilder wollen nicht Maria in ein göttliches Licht tauchen und sie göttlich überhöhen, sondern durch sie hindurch soll Gott selbst durchscheinen. Im Bild versuchen die Kirchenväter das Geheimnis des unbegreiflichen Gottes zu beschreiben, der nicht nur Mann ist, sondern auch Frau, nicht nur Vater, sondern auch Mutter, nicht nur Herr, sondern auch faszinierend und zärtlich wie eine junge Frau. Nur wenn klar ist, daß die marianischen Bilder Maria nicht neben Gott stellen, sondern durch sie hindurch Gott meinen, können sich evangelische Christen ohne dogmatische Bedenken über diese Bilder freuen. Doch wenn der Eindruck entsteht, daß Maria wichtiger ist als Gott oder daß man sich lieber an Maria wendet als an Gott, reagieren sie zu Recht empfindlich. Für die frühe Kirche besteht der Gegensatz Maria und Gott nicht. Sie richtet ihren Blick immer auf Gott, aber eben durch das Bild Marias hindurch. Maria steht nicht neben Gott, sondern vor ihm, aber nicht um ihn zu verdecken, sondern um ihn in ein menschliches, in ein weibliches und mütterliches Licht zu tauchen.

Die Mariologie erfüllt das Postulat der feministischen Theologie nach der Überwindung des patriarchalischen Gottesbildes und nach der Entfaltung der weiblichen Züge Gottes. Maria ist für Leonardo Boff der Ort, „an dem Gott sein weibliches Antlitz offenbart".[1] Die Bilder, die wir auf Maria beziehen, sind durchlässig auf Gott hin. Sie wollen uns Gott als unsere Mutter spüren lassen. Wenn also in den marianischen Bildern archetypische Vorstellungen antiker Muttergottheiten nachklingen, so ist das nicht als heidnisch abzutun. Im Gegenteil, die Marienfrömmigkeit ist dann der legitime Ort, an dem die Ursehnsüchte des Menschen nach einem mütterlichen Gott sich ausdrücken können und dürfen. Das erklärt auch die große Beliebtheit Marias beim einfachen Volk. Da kommen eben all die Ursehnsüchte und Bilder ihrer Träume, ihres Unbewußten hoch und werden auf Maria geworfen. Das ist für den Menschen gesund. Das bringt ihn ins Gleichgewicht. Wenn diese Sehnsüchte sich nicht mehr in der Religion angemessen äußern dürfen, und wenn sie von der Theologie (etwa der eines Karl Barth) als heidnisch abgetan werden, dann suchen sich die Menschen andere Orte, an denen sie sie festmachen können. Dann wird der Archetyp der Großen Mutter auf die Gruppe projiziert, die zu einem Nest wird, von dem man nicht loskommt, oder auf den Staat, der die Funktion der Mutter ausüben soll und damit heillos überfordert ist. Der Ruf nach dem Sozialstaat, der für alles zu sorgen hat, ist letzthin Ruf nach der Großen Mutter. Überall dort, wo man die Marienfrömmigkeit ablehnt, tauchen Ersatzformen auf, mit denen man die Sehnsucht nach der Mutter zu erfüllen sucht, etwa im Pietismus, in dem man in Gefühlen schwimmt, in der Taizéfrömmigkeit, in der man sich mit romantischen Gesängen berauscht, und in den Freikirchen, in denen die Gemeinschaft zur Großen Mutter wird.

Die *Mariologie* ist zugleich *Anthropologie*, d.h. alle Aussagen über Maria wollen etwas über das Geheimnis des Menschen und seiner Erlösung verkünden. Es geht also nicht darum, Maria von den übrigen Menschen abzuheben und sie auf einen unerreichbaren Sockel zu stellen. Dann würden wir sie nur bewundern und wären in der Gefahr, sie neben Gott zu setzen. Sie wäre nicht mehr Spiegel Gottes und Typos des erlösten Menschen, sondern eine Ausnahmeerscheinung, ein Idol. Unsere Verehrung würde zum Starkult werden. Aber die frühe Kirche hat in Maria nie ein Idol gesehen, sondern einen Typos, Typos für die Kirche und für den erlösten Menschen. Typos bedeutet Bild. Das NT sieht oft in Personen des AT einen Typos für das, was Gott in Christus an uns getan hat und noch tun wird. Typos meint also immer auch Verheißung. Gott zeigt uns in Maria ein Bild für das, was er auch an uns getan hat und noch tun wird. In der Psychologie ist der Begriff des Typos vor allem von C.G. Jung aufgenommen und weiter entfaltet worden. Jung spricht vom Archetypos. Er meint damit eine Anlage der menschlichen Seele, die durch bestimmte Bilder angesprochen und in Bewegung gebracht wird. Maria als Archetypos bedeutet dann, daß wir uns in Maria selbst wiederfinden, daß wir durch sie Seiten in uns entdecken, die sonst verschüttet wären, und daß durch sie etwas in uns in Bewegung kommt. Unser Selbstwerdungsprozeß wird angeregt und wir kommen in Berührung mit unserm wahren Kern.

Die Kirchenväter haben Maria vor allem als Typos für die Kirche gesehen, und erst in zweiter Linie als Typos des einzelnen erlösten Menschen. Am Bild Marias entfalten sie das Geheimnis der Kirche, die aus dem jungfräulichen Schoß des Taufbrunnens den mystischen Leib Christi gebiert. Wir tun uns heute jedoch schwer, die Aussagen der frühen Theologen über die Kirche nachzuvollziehen. Zu schnell denken wir an die konkrete Kirche als Institution, an der wir leiden. Daher möchten wir die Typologie der Kirchenväter weiterführen und Maria als Typos für den einzelnen erlösten Menschen verstehen. Damit folgen wir nur den griechischen Kirchenvätern, allen voran Cyrill von Alexandrien und Gregor von Nyssa, die die Mariologie als mystische Theologie entfaltet haben, vor allem in ihrer Lehre von der Gottesgeburt im Herzen der Gläubigen[2]. Maria ist für die mystische Theologie des hl. Gregor ein Bild für die menschliche Seele, die in sich Christus wie in einem Mutterschoß trägt und Christus durch ein geistliches Leben in sich ausformt und zur Welt bringt. Maria ist also vor allem ein Thema der Spiritualität. Dabei betrachten die spirituellen Autoren der frühen Kirche Maria weniger als Vorbild, sondern vielmehr als Urbild, als Typos des erlösten Menschen. Wie Maria können auch wir Christusträger(in) und Christusgebärer(in) werden. Diese mystische Linie wollen wir weiterführen, indem wir sie in den Begriffen heutiger Psychologie beschreiben. Maria wird dann zum Bild unserer Selbstwerdung. Sie gibt Weg und Ziel für unsere menschliche Entwicklung an und beschreibt das Geheimnis unserer erlösten Existenz und unseres geistlichen Weges zu Gott.

Maria spielt dabei für die Selbstwerdung sowohl des Mannes als auch der Frau eine wichtige Rolle. Für den Mann ist Maria ein Bild der anima. Und eine gesunde Marienfrömmigkeit wäre für den Mann ein Hilfe, seine anima zu integrieren. Für die Frau stellt Maria das Selbst dar, durch das sie zu ihrem eigenen Selbst findet. Die Selbstwerdung der Frau ist von der des Mannes wesentlich verschieden. Leider fehlt eine adäquate Beschreibung des weiblichen Individuationsprozesses. Denn C.G. Jung und seine Schule haben vor allem die Selbstwerdung des Mannes nachgezeichnet. Maria hat in sich anima und animus integriert. Sie stellt als Mutter und Jungfrau, als schöne Frau und Madonna die Frau in ihrer Weiblichkeit dar. Als Königin und Herrscherin, die das männliche Symbol des Zepters trägt, verkörpert sie den animus, der Verantwortung übernimmt und schöpferisch ist. Im Magnifikat ist sie eine Prophetin, die mannhaft den Reichen und Mächtigen den Kampf ansagt und ihnen Gottes umstürzendes Handeln prophezeit. So könnte Maria die Frauen heute ermutigen, ihren eigenen Weg der Selbstwerdung zu entdecken und zu gehen, anstatt den männlichen Weg der Individuation nachzuahmen.

Die Mariologie sagt auf zwei Ebenen etwas über den erlösten Menschen aus, auf der Seinsebene und auf der Ebene des Verhaltens. Auf der Seinsebene entfaltet die Mariologie, wer wir durch die Erlösung in Jesus Christus geworden sind. Sie zeigt, daß unser christlicher Glaube wesentlich eine anthropologische Komponente hat. Wir können nicht adäquat über Gottes Heilshandeln reden, ohne vom erlösten Menschen zu sprechen. Seit der Menschwerdung Gottes in Jesus Christus kann man keine Theologie mehr treiben, ohne auch Anthropologie zu treiben[3]. Die Mariologie beschreibt das Wesen des Menschen, der die Erlösung durch Christus angenommen hat. Maria ist das Urbild des Menschen, der das Heil Gottes mit Leib und Seele empfängt, der das ewige Wort Gottes so in sich aufnimmt, daß er davon schwanger wird und es aus sich heraus gebiert. Wie Maria tragen wir Christus als die innerste Mitte in uns. Es ist erstaunlich, daß die Theologie des Menschen in der Mariologie vom Bild der Frau und nicht von dem des Mannes ausgeht. Daher könnte die feministische Theologie hier ansetzen, wenn sie sowohl von Gott wie vom Menschen ganzheitlich reden möchte. Die katholische Anthropologie ist von ihrem Ansatz her schon feministisch.

Auf der Verhaltensebene malt uns die Mariologie das Bild von Maria als Vorbild im Glauben. Maria ist die Hörende, die bereit ist, sich ganz und gar auf Gott einzulassen, die Gottes Wort meditiert, die schwanger wird vom Wort Gottes und als Frucht Jesus Christus gebiert. Sie stellt sich Gott als Magd zur Verfügung, ist gehorsam, die erste Jüngerin Jesu, voller Liebe und Dienstbereitschaft. Und sie ist die große Beterin, die alle Ereignisse ihres Lebens im Lichte Gottes überdenkt und Gottes Wort in ihrem Herzen meditiert (Lk 2,19). Sie preist Gott in ihrem großen Lobgesang, dem Magnifikat, das zu einer Norm für unser Beten geworden ist. Diese Beschreibung Marias will aber nicht ihre persönlichen Vorzüge betonen, sondern sie will zeigen, was Gott aus einem Menschen machen kann, wenn er sich ihm öffnet. Es ist das Werk seiner Gnade, nicht das Verdienst des Menschen. So ist Maria als Vorbild des Glaubens nicht Idol, sondern Zeichen für Gottes erlösendes Handeln an uns, Konkretisierung von Gottes Gnade in unser Verhalten hinein.

Als Schwester im Glauben ist Maria auch von evangelischen Christen immer verehrt worden. Auf dieser Ebene gibt es kaum Verständnisschwierigkeiten. Aber diese Ebene allein hätte auch nie zu der Marienfrömmigkeit geführt, wie sie sich in der katholischen Tradition entfaltet hat. Wenn wir uns nur auf die Verhaltens- und Moralebene beschränkten, täten wir uns zwar im ökumenischen Dialog leichter, aber wir gäben auch etwas vom Reichtum christlicher Spiritualität auf. Daher wollen wir uns bemühen, im Dialog der Konfessionen auch die hymnologischen Aussagen über Maria als Typos des erlösten Menschen und als Spiegel für Gottes Tun an uns zu bedenken.

Dabei ist immer zu berücksichtigen, daß weder die Aussagen über Maria das Zentrum der Theologie sind, noch die Marienfrömmigkeit die wichtigste Form des geistlichen Lebens ist. Beides sind Illustrationen für das, was Gott an uns getan hat und an uns tut. Es geht immer um den Gott und Vater Jesu Christi. Ein gesundes Sprechen von Maria vertieft unsere Beziehung zu Jesus Christus und zu Gott, der zugleich unser Vater und unsere Mutter ist. Wenn wir dagegen Maria zu sehr betonen, schrecken wir nicht bloß evangelische Christen unnötig ab. Auch viele junge Katholiken spüren dann Unbehagen. Wir sollten unser Unbehagen danach fragen, wie weit es Vorurteilen entspricht oder ob es nicht ein gesundes Gespür ausdrückt, daß hier falsch von Maria und daher auch falsch von Gott und von

Jesus Christus gesprochen wird.

Wir möchten nur auf ein paar *Schwierigkeiten* eingehen, die heute evangelische wie katholische Christen *mit Maria* haben. Gerade junge Menschen können meist wenig mit Maria anfangen. Oft löst das Gespräch über Maria heftige Emotionen aus, so daß man kaum sachlich darüber reden kann. Das ist immer ein Zeichen dafür, daß etwas in der eigenen Seele angesprochen wird, was man nicht angenommen hat. Wer empfindlich reagiert, muß etwas abwehren, was ihn verunsichert. Die Empfindlichkeit Maria gegenüber hat ihren Grund in der Unsicherheit in Bezug auf die eigene Sexualität, die Beziehung zur Mutter und die Rolle als Mann und Frau. Der Mann kann nicht ohne emotionale Betroffenheit von Maria sprechen, weil sie seine Beziehung zur Frau thematisiert. Und bei der Frau spielt in ihrer Haltung Maria gegenüber mit, ob sie sich selbst als Frau annehmen kann und wie sie ihre Rolle als Frau verstehen möchte.

Eine gesunde Marienfrömmigkeit könnte dem Mann hilfreich sein, eine richtige Beziehung zur Frau zu finden. Aber wie jede Glaubensform bietet auch die Marienfrömmigkeit Anlaß zu falschen Projektionen.

Da erzählt ein Mädchen von einem Kaplan, der nur von Maria schwärmt und ständig Rosenkranz betet, aber keinem Mädchen in die Augen schauen kann. Offensichtlich projiziert dieser Kaplan seine Sehnsucht nach einer Frau auf Maria, stellt sie aber zugleich auf ein so hohes Podest, daß sie für ihn ungefährlich, weil unerreichbar ist. Doch diese Projektion hindert ihn daran, eine gesunde Einstellung zur konkreten Frau zu finden.

Oft genug hatten solche Projektionen zur Folge, daß die konkrete Frau verteufelt und mit der verführerischen Eva identifiziert wurde. Alle positiven Gefühle wurden auf Maria gelenkt, für die

17

konkrete Frau blieb dann nur Abwertung, Spott, Erniedrigung und Abwehr übrig.

Eine andere Gefahr ist die Verherrlichung der Mutter. In manchen Mariengebeten hat man den Eindruck, daß da infantile Sehnsüchte nach der Mutter auf Maria projiziert werden und der Beter noch in einer tiefen Abhängigkeit von seiner Mutter gefangen ist. C.G.Jung meint, in jedem Menschen stecke die Sehnsucht nach der Mutter. Wenn sie auf die konkrete Mutter projiziert wird, bleibt der Mensch infantil. Wir brauchen Symbole, auf die wir diese Sehnsucht projizieren können. Maria wäre so ein Symbol, das unsere Muttersehnsucht auf sich ziehen und uns dadurch von infantiler Abhängigkeit befreien kann. Aber wenn Maria nicht als Symbol, sondern als Mutterersatz gesehen wird, dann bleibt man in seiner kindlichen Mutterabhängigkeit stecken. Zeichen dafür ist immer die etwas weinerliche und sentimentale, zugleich pathetische und übertriebene Form, in der von Maria gesprochen wird.

Eine gesunde Marienfrömmigkeit wäre für den Mann ein Weg, seine anima zu integrieren. Der Mann, der einseitig sein männliches Bewußtsein lebt, wird starr, unfruchtbar und verfällt der Gier nach Geld, Sex und Macht. Er wird zu einer Bedrohung für unsere Welt, da er die Natur ausbeutet und in der Gesellschaft nur das Recht des Stärkeren gelten läßt. Das männliche Bewußtsein hat uns in eine Krise gestürzt, die wir mit rein männlichen Tugenden nicht mehr zu lösen vermögen. Daher meint Erich Neumann, ein Schüler von C.G. Jung, die Beschäftigung mit dem Weiblichen sei gerade heute eine wichtige Aufgabe und wirke sich heilend auf das weithin männliche Bewußtsein unserer Zeit aus.[4] In Maria beschäftigt sich der Mann mit dem Weiblichen und entdeckt in ihr wie in einem Spiegel seine eigenen weiblichen Seelenanteile, seine mütterliche und bewahrende Seite, seine Fähigkeit, etwas wachsen und reifen zu lassen, seine behutsame und zärtliche Art. So wird die Spaltung in männlich und weiblich aufgehoben und er wird zu einem ganzen Menschen, zu einem Mann, der zu seiner Männlichkeit steht und zugleich seine weiblichen Seiten entfaltet.

Daß der Mann seine anima integrieren soll, ist heute allgemeine Überzeugung. Aber das führt oft zu einer Verneinung der eigenen Männlichkeit. Viele Frauen haben den Eindruck, daß es gar keine richtigen Männer mehr gibt, daß sie sich ihrer Weiblichkeit anpassen, daß sie sich die anima überstülpen und wie einen Mantel, der nicht paßt, anziehen. Die Marienfrömmigkeit sollte die Verleugnung der eigenen Männlichkeit nicht verstärken, sondern dazu beitragen, daß der Mann seine Marienseite nicht nur im stillen Kämmerlein zuläßt, sondern auch den Mut hat, sie in der Öffentlichkeit zu zeigen und auszudrücken. Das wird aber nur gelingen, wenn er sich als Mann annimmt, wenn er nicht in Weiblichkeit schwimmt, weil er glaubt, das erwarte die emanzipierte Frau von ihm, oder weil er damit fortschrittlich wirkt, sondern als Mann sich der Frau in Maria stellt. Richard Rohr hat in seinen geistlichen Reden zur Männerbefreiung zurecht betont, daß uns der männliche Mut zum Wagnis heute gut täte.[5] Ob die Marienfrömmigkeit eines Mannes gesund ist oder nicht, zeigt sich an seiner Fähigkeit, beides zuzulassen, mannhaftes Auftreten und zärtliches Mitfühlen, Mut zum Wagnis und mütterliches Wachsenlassen. Ein Beispiel für diese Integration war sicher Kardinal Döpfner, dessen Wagemut die deutsche Kirche heute schmerzlich vermißt.

Die Verehrung Marias in der schönen Frau könnte dem Mann helfen, mit seiner Sexualität richtig umzugehen. Graf Dürckheim ist davon überzeugt, daß gerade für den zölibatären Mann eine gesunde Beziehung zu Maria dazu führt, daß er seine Sexualität integrieren kann. Die schöne Frau wird in Maria im Bereich des Religiösen dargestellt. In zahlreichen Liedern preisen wir Maria als die schönste von allen. Wir vergleichen Maria mit den Lilien des Feldes. Sie ist die schönste Blume, die auf Erden blüht. In diesen Liedern spielen sicher nicht nur fromme Motive eine Rolle. Irgendwie ist da auch die Sexualität beteiligt. Aber ist es denn von Schaden, wenn die Sexualität in den Raum der Frömmigkeit treten darf? Es ist sicher gesünder, sie in die Marienverehrung einfließen zu lassen, als sie von unserer Gottesbeziehung abzuspalten und sie ins Zwielicht abzudrängen. So gewinnt die Sexualität eine religiöse Dimension. Sie wird offen auf Gott hin. In allen Religionen wurde die Sexualität immer auch als Symbol für die Einswerdung des Menschen mit Gott verstanden. Die Sehnsucht, die in der Sexualität steckt, zielt auf Lebendigkeit durch Einswerden mit dem Numinosen. Die Liturgie bezieht das Hohelied, ein Lied auf die Liebe zwischen Mann und Frau, auf Maria, und zeigt dadurch, daß sie in Maria auch die Sexualität in den religiösen Raum hebt und so dem Mann die Möglichkeit bietet, seine sexuelle Energie zu verwandeln und sie in Lebendigkeit umzuformen.

Frauen reagieren aus verschiedenen Gründen empfindlich und allergisch auf das marianische Thema. Einmal wehren sie sich zurecht gegen das Frauenbild, das manchmal in der Marienfrömmigkeit verherrlicht wurde: Maria als die demütige Magd, als die reine Jungfrau, frei von jeder Sexualität, und Maria als Mutter, die ganz für ihren

Sohn lebt. Die feministische Theologie vermutet wohl nicht unbegründet hinter diesem Frauenbild die Absicht einer reinen Männerkirche, die Frau klein zu halten und nicht hochkommen zu lassen. Männer bürden der Frau damit ein Idealbild auf, das sie nie erfüllen kann. Sie legen sie auf ein ungefährliches Bild fest, auf das Bild einer reinen Jungfrau, aus Angst, der wirklichen Frau mit ihren Wünschen und Sehnsüchten und mit ihrer Vitalität und Sexualität begegnen zu müssen. An den einzelnen Marienfesten werden wir sehen, daß dieses Bild Mariens nicht stimmt, daß Maria eine Möglichkeit wäre, ein positives und gesundes Bild der Frau zu entwickeln. Denn wer ist emanzipierter als die Jungfrau, die ohne Zutun des Mannes ein göttliches Kind gebiert?

Neben der Abwehr eines falschen Frauenbildes lassen sich in Gesprächen mit Frauen über Maria noch andere Gründe für ihre oft ablehnende Reaktion entdecken. Manchmal spürt man dann, daß die Frau mit Maria ihre eigene Fraulichkeit und ihre Leiblichkeit ablehnt. Neumann meint, die Verbindung zum Archetyp der Großen Mutter, um die es in der Marienfrömmigkeit auch geht, sei für die Frau wichtig, damit sie ihre Leiblichkeit und Erdhaftigkeit annehme, daß sie nicht bloß Tochter des Vaters bleibe, sondern zu sich selbst finde[6].

Die Ablehnung Mariens wird oft damit begründet, daß man sich mit der soziologischen Rolle der Frau, wie sie Maria darstellt, nicht abfinden könne. Aber in der Marienfrömmigkeit geht es nicht zuerst um eine soziologische Rolle der Frau, sondern um den Archetyp des Weiblichen, der die verschiedenen Aspekte der Frau mit einschließt: die Frau als Große Mutter, als Erdmutter, als Muttergottheit, als Jungfrau, als Geliebte, als Madonna, als Königin, Spenderin der Weisheit. Wenn die Frau in Maria ein Bild ihrer positiven Weiblichkeit sieht, kann sie die positiven Aspekte der anima in sich annehmen und entfalten. Für die Frau könnte Maria so ein Bild des Selbst sein, das sie zur Ganzheit treiben möchte. Gefährlich würde die Absorption der positiven anima-Aspekte durch Maria nur, wenn wir Maria in ein fernes romantisches Licht tauchten oder eben in den Himmel höben, wenn wir von Maria nur schwärmten, anstatt uns von ihrem Bild auf die eigene Wirklichkeit stoßen zu lassen.

Die Frau hat heute nicht nur die Aufgabe, den animus zuzulassen. Denn das hat sie oft schon zur Genüge getan. Sie muß beispielsweise im Beruf oft mehr leisten als der Mann, um anerkannt zu werden. Was Jung als Aufgabe der zweiten Lebenshälfte ansieht, das müssen viele Frauen heute schon zwischen 20 und 30 erfüllen: die Entfaltung ihres animus, ihrer Tatkraft und Verantwortung. Daher böte die Marienfrömmigkeit für die Frau heute die Möglichkeit, ihre eigene Weiblichkeit zuzulassen, ihre weibliche Seite zu bejahen. Das bedeutet keinen Rückzug der Frau auf Küche und Haus, sondern den Mut zu ihrer verlorenen Weiblichkeit. Das Interesse der feministischen Theologie an Maria hat hier ihre Wurzel. Viele Frauen spüren, daß sie in ihrer Emanzipation sich auf einen Konkurrenzkampf eingelassen haben, in dem sie sich vom Mann die Spielregeln aufzwingen ließen. Und sie ahnen, daß sie jenseits der Emanzipation wieder ja sagen müßten zu ihrer eigenen Rolle als Frau. Das Bild der schönen Frau, der anziehenden und zugleich selbstbewußten, der in sich ruhenden und zugleich mutigen Frau, der Mutter und der Königin, wie sie in vielen Marienstatuen dargestellt wird, könnte der Frau helfen, ihre ureigene Form wieder zu entdecken.

Die neue Rolle, die den Frauen abverlangt wird und die sie auch selbst gewählt, wenn auch noch nicht ausgestaltet haben, führt auch zu gestörten Mutterbeziehungen: entweder akzeptiert die junge Frau die Rolle ihrer eigenen Mutter nicht mehr, und lehnt mit der Rolle, auch gleich ihre Mutter ab, oder aber sie hat – aufgrund der alten Rollenerwartung, die sie sich gestellt fühlt – Schwierigkeiten in ihrer Rolle als Frau im Beruf und als Mutter. Maria als Projektionsfeld, das Wunden heilt, die die moderne Zeit aufgerissen hat, wäre durchaus zu bedenken.

Wenn wir nun die Marienfeste als Bilder eines geglückten Lebens und als Verheißung unserer Selbstwerdung und Erlösung beschreiben, dann werden sich viele evangelische Christen schwer tun. Die evangelische Kirche kennt nur zwei Marienfeste, das Fest der Verkündigung am 25. März und das der Heimsuchung am 2. Juli. Aber kaum ein evangelischer Pfarrer predigt über das Festgeheimnis, aus Angst, bei seiner Gemeinde auf Unverständnis zu stoßen. Wir befassen uns hier nur mit den Marienfesten, die eine lange Tradition haben, und nicht mit den vielen sekundären Festen, die in der Frömmigkeitsgeschichte hinzugekommen sind, wie z.B. Mariä Königin oder Maria vom hl. Rosenkranz. Die Feste wie etwa Mariä Himmelfahrt und Unbefleckte Empfängnis gehen nicht auf Bibelstellen zurück. Sie entstammen mehr einem psychologischen Bedürfnis der Menschen, die das Bild Marias immer weiter entfaltet haben. Aber letztlich sind auch die Marienfeste, die keine biblische Begründung haben, eine Illustration anderer Aussagen der Schrift. Das soll bei den einzelnen Festen aufgezeigt werden.

In den biblischen Gehalt sind jedoch auch Elemente eingeflossen, die früher sind als das Christentum, Elemente aus den Kulten der Großen Mutter. Die Menschen haben ihre Sehnsüchte nach Geborgenheit bei einem mütterlichen Gott in Maria hineinprojiziert und an ihren Festen ausgedrückt. Das ist legitim. Denn so wurden ihre Grundbedürfnisse und Sehnsüchte vom christlichen Glauben positiv aufgenommen und in die richtigen Bahnen gelenkt. Durch Maria hindurch wurden sie auf Gott gerichtet, der Vater und Mutter zugleich ist. Die Marienfeste bieten uns so die Möglichkeit, uns den Ahnungen unseres Herzens und den Grundbedürfnissen unserer Seele zu stellen, sie auszudrücken und so in Berührung zu kommen mit unserm innersten Kern. Indem wir Maria feiern, werden wir eins mit unsern Sehnsüchten und Gefühlen und können so Möglichkeiten in uns entfalten, die wir sonst übersehen würden. Wir stoßen vor in Regionen unserer Seele, die wir zumeist verdrängen, weil sie uns zu sehr an unsere kindlichen Verwundungen erinnern, und die doch so wichtig sind für unsere Ganzwerdung und unsere psychische Gesundheit. So sind die Marienfeste Wegweiser zu einem erfüllteren und ehrlicheren Leben, zu einem Leben, das uns mit dem Kind in uns verbindet und uns so die Gestaltung unseres Bildes aus dem unverfälschten Anfang heraus ermöglicht.

1. Fest der ohne Erbsünde Empfangenen — 8. Dezember

Mit dem Fest der unbefleckten Empfängnis kommen viele nicht zurecht. Es erinnert sie an die Leibfeindlichkeit der Kirche und an ihre schwerverständliche Erbsündenlehre. Und Maria scheint hier unserer Menschlichkeit so sehr enthoben und als einzige das Privileg der Sündenfreiheit zu genießen. Doch das meint das Fest nicht. Die Kirchenväter sehen in der Maria Immaculata ein Bild für die ecclesia immaculata und für unsere eigene Heiligung durch Jesus Christus. Das Bild der unbefleckten Jungfrau will nur konkret ausmalen, was der Kolosserbrief sagt: „Jetzt aber hat er euch durch den Tod seines sterblichen Leibes versöhnt, um euch heilig, untadelig (immaculati) und schuldlos vor sich treten zu lassen." (Kol 1,22). Wir feiern Maria also nicht, um sie vor allen auszuzeichnen, sondern in ihr feiern wir das Geheimnis unserer Erlösung.

Die Kirchenväter sehen in der unbefleckten Jungfrau zunächst das Geheimnis der Kirche, die durch den Tod Christi gereinigt worden ist von allen Sünden. Das Bild Marias illustriert, was Paulus im Epheserbrief schreibt: „So will er die Kirche herrlich vor sich erscheinen lassen, ohne Flecken, Falten oder andere Fehler; heilig soll sie sein und makellos." (Eph 5,27). Erlösung heißt in diesem Bild, daß wir aus der Schuldverstrickung befreit wurden, daß Gott sich durch seinen Sohn in der Kirche ein Geschlecht von Heiligen geschaffen hat, bei denen die Gnade mächtiger ist als die Sünde. Die Kirchenväter interessiert am Geheimnis der Immaculata nicht, was in der Geburt Marias geschehen ist. Sie zergliedern das Bild nicht, wie es die Theologie der letzten Jahrhunderte getan hat, sondern sie sehen in diesem Bild unsere Heiligung durch Christus ausgedrückt. Zunächst wird die Heiligung auf die Kirche als Volk Gottes bezogen, dann aber auch auf das geistliche Leben des einzelnen. An uns soll vollzogen werden, was gnadenvoll an Maria begann. Wir feiern am Fest der unbefleckten Empfängnis also unser eigenes Geheimnis. Wir sind nicht nur die schuldverstrickten, sondern wir sind mit Maria durch Christus von der Schuld befreit worden. Wir sind nicht mehr ganz und gar von der Verderbtheit der Welt infiziert, wir sind nicht von Grund auf schlecht und böse, sondern in uns ist nun die Gnade stärker als die Schuld.

Im Fest der Immaculata drückt sich unsere Sehnsucht nach dem reinen Menschen aus. Es muß doch einen geben, der nicht von der Lüge angesteckt ist, der von Grund aus lauter ist und rein. Es muß doch einen geben, der nicht alles auf sich bezieht und überall nur seinen Vorteil sucht. Das Fest der Immaculata sagt uns: ja es gibt diesen Menschen. Es gibt einen Menschen, dessen guter Kern nicht von der Sünde verdorben wurde. Es ist Maria, eine Frau aus unserer Mitte, eine wie wir. Es ist nicht ihr Verdienst, daß sie so ist. Gott hat an ihr gehandelt. Gott hat sie so mit sich selbst ausgefüllt, daß das Böse keinen Raum mehr hat. Aber in Maria feiern wir uns selbst, unsere eigene Möglichkeit, unsere eigene Erlösung. Auch in uns ist etwas durch Christus ganz lauter geworden. Auch in uns ist ein Ort, an den die Schuld nicht hinreicht, ein Ort, an dem Gott allein in uns wohnt. Es gibt Menschen, die sich ständig schuldig fühlen. Sie lassen sich von den andern immer wieder Schuldgefühle einjagen. Sie zerfleischen sich selbst. Das Fest der Immaculata will uns sagen: es gibt in uns einen Ort, an den diese Schuldgefühle nicht dringen, an den auch unser eigenes Versagen nicht dringen kann, einen Ort, der weder durch die Bosheit der Welt, noch durch die eigene Schuld berührt werden kann. In diesem Ort wohnt Gott, wohnt Christus allein. Das feiern wir. Und indem wir es feiern, können wir aufatmen, wir erahnen etwas von der Freiheit, die uns Christus gebracht hat, von der Freiheit von quälenden Schuldgefühlen, der Freiheit von der ständigen Angst, daß etwas in uns nicht stimmt, daß wir versagen und daß wir es Gott nicht recht machen können. Das Bild von der unbefleckten Maria schenkt uns das Vertrauen, daß wir von Gott ganz und gar geliebt sind. Und es nimmt uns die Angst vor der Schuldhaftigkeit unseres Daseins, eine Angst, die vor allem den depressiven Menschen kennzeichnet.

Es ist ein optimistisches Menschenbild, das uns dieses Fest vor Augen führt, ein anderes Bild, als es uns die heutige Literatur zeichnet, die den Menschen in einer Welt des Geschäfts und des mörderischen Kampfes sieht, in der er zu Leistung und Erfolg verurteilt schuldig wird, ohne daß er es merkt. Die Strukturen der Gesellschaft sind schon ungerecht und treiben den Menschen in die Schuld, ohne daß er es will. Und er kann aus dieser Schuldverstrickung nicht mehr ausbrechen. So richtig die heutige Literatur die Situation des Menschen auch sieht, es ist nicht die ganze Wahrheit. Es gibt immer noch den Menschen, der wie Maria nicht in Schuld verstrickt ist. Und es gibt auch für uns die Möglichkeit, aus dem Strudel der Schuld herauszukommen.

Das Geheimnis der Immaculata steht nicht in Gegensatz zu Luthers Lehre von der Verderbtheit des Menschen. Aus sich heraus ist der Mensch verderbt. Aber wir sind eben wie Maria von Christus her neu geschaffen. „In Christus sind wir eine neue Schöpfung" (2 Kor 5,17). Und aus

Christus heraus sind wir rein und makellos. Wir preisen an diesem Fest Gott für sein gnädiges Handeln an uns.

Es ist ein Fest der Gnade Gottes und entspricht so dem Anliegen der Reformation mehr als die ständigen Appelle vieler Predigten, daß wir das und jenes noch tun müßten, für dies und jenes verantwortlich seien. Es gibt eine Art der Verkündigung, die den Hörern nur ein schlechtes Gewissen einimpfen will. Dann geht man aus dem Gottesdienst, fühlt sich schlecht, hat aber kaum die Kraft, wirklich etwas zu ändern. Im Gegenteil, die Überforderung mit moralischen Appellen stürzt einen nur in Traurigkeit und Resignation.

Das Fest der Gnade Gottes, das wir im Bild der reinen Jungfrau feiern, will uns Hoffnung und Zuversicht schenken. Wir feiern die Macht der göttlichen Gnade, die auch uns Sünder rein und makellos vor Gott treten läßt. Indem wir einen Tag lang das Bild der Immaculata vor Augen haben, wird in uns etwas reiner und absichtsloser. Wir entdecken in uns den Ort, an den unsere Schuld keinen Zutritt hat, wir stoßen in uns zu dem Kern vor, der von der Sünde nicht infiziert ist, sondern ganz durchdrungen von Gottes Gnade. Wir preisen Gottes Macht, die auch in uns stärker ist als die Sünde. Maria weckt in uns die Sehnsucht nach innerer Lauterkeit und ihr Bild ruft die Ahnung von einer Reinheit hervor, die schon in uns ist und zu der wir durch Christus fähig sind. Nach diesem Fest werden wir uns nicht überfordert fühlen, sondern erlöst und von Gott geliebt, umfangen von Gottes Güte und Menschenfreundlichkeit, die uns in Christus erschienen ist und die in Maria ihre Zärtlichkeit und Reinheit entfaltet hat.

2. Fest der Gottesmutter — 1. Januar

Das Fest der Gottesmutter Maria feiert das Geheimnis, daß eine Frau Gottes Sohn geboren hat. Maria hat nicht einen Menschen geboren, der im nachhinein von Gott als Sohn angenommen wurde, sondern sie hat Gott selbst geboren. Um dieses Geheimnis haben die ersten christlichen Jahrhunderte gerungen. Das Volk lebte auf, als das Konzil von Ephesus den Titel der Gottesmutter für Maria sanktionierte. Auch die evangelische Kirche bekennt Maria als Gottesmutter. Doch wir können von dem Geheimnis der Gottesmutterschaft erst leben, wenn wir es auch feiern. Im Feiern wird ein dogmatischer Lehrsatz zu einem Bild des Lebens, das uns die Erlösung nicht nur verstehen, sondern auch erfahren läßt.

Das Fest der Gottesmutter hebt verschiedene Seiten von Gottes erlösendem Handeln ins Bewußtsein. Das Geheimnis der Menschwerdung wird von Maria aus betrachtet. So kommt die Würde der Frau in den Blick. Wenn eine Frau aus ihrem endlichen Schoß den unendlichen Gott geboren hat, dann sagt das etwas Entscheidendes über ihre Mutterschaft aus. L. Boff interpretiert die marianischen Aussagen des Evangelisten Lukas so, daß der Heilige Geist Marias Fähigkeit, Mutter zu werden, ergriffen und „ihre Mutterschaft in göttliche Mutterschaft"[7] verwandelt hat. Wir feiern also nicht nur die Geburt Jesu aus der Mutter, sondern das Geheimnis der Mutterschaft selbst und darin die Würde der Frau. Was kann man mehr sagen von der Würde der Frau, als daß ihre Mutterschaft in Maria in Gott hineingehoben und ihre Weiblichkeit vergöttlicht worden ist? So zeichnet uns das Fest der Gottesmutter ein Bild der Frau, wie es die feministische Theologie nicht besser kann. In Maria wird die lebensspendende

Liebe der Frau dargestellt, eine Liebe, die nicht verweichlicht und schwach ist, sondern leidenschaftlich und zärtlich, stark und beschützend, kreativ und dynamisch, zielbewußt und kraftvoll. Die Mutterschaft Mariens will die Frau nicht auf ihre Rolle als Mutter reduzieren, die nur Kinder zu gebären und groß zu ziehen hat. Sie zeichnet vielmehr ein Bild der Frau, das durch Freiheit und Unabhängigkeit, Stärke, Leidenschaft und Verantwortung geprägt ist: Die Mutter läßt etwas wachsen, sie kann warten, bis das göttliche Leben in ihr entsteht und alle Welt verwandelt.

Das Fest der Gottesmutter Maria läßt viele archetypische Vorstellungen von der Großen Mutter mit anklingen. Die Mutter ist die Nährende und Ernährende, sie schenkt Heimat und Geborgenheit. Sie ist Symbol für das Leben. Die Große Mutter wird meist als Sitzende und Thronende dargestellt. Thron und Berg gehören zu ihr. (Daher liegen viele Marienwallfahrtsorte auf einem Berg.) Man kommt zur Mutter im mühsamen Aufstieg. Die Mutter ist Herrin der Pflanzen und Tiere. Als Herrin der Pflanzen ist sie die Nahrungsspendende, als Herrin der Tiere zeigt sie, daß im Menschen Kräfte sind, die dem Trieb überlegen sind; die Tiere sind Symbole für die Triebe. Die triebüberlegenen Kräfte, die Maria anspricht, werden als numinos erfahren.[8] Die Große Mutter ist zugleich auch Herrin der Sexualität. Sie wird mit großem Schoß dargestellt, der fruchtbar ist und Kinder gebiert. Die Mutter ist aber zugleich Geistmutter, die den Menschen wiedergebiert, die ihn zur geistigen Wandlung treibt. Während der Mann im Streben nach Macht Dauer will, will die Mutter die Wandlung und Erneuerung. Die Mutter ist zugleich die Bewahrende und die Wandelnde, die das Kind zum reifen Mann vorantreibt und seine geistige und seelische Entwicklung will.

All diese archetypischen Vorstellungen von der Großen Mutter fließen in die Verehrung Mariens als Mutter Gottes ein. Sie wirken unbewußt weiter und suchen nach Ausdrucksformen. Die Marienfrömmigkeit bietet uns die Möglichkeit, unsere Ahnungen von der Großen Mutter in einem positiven Sinn auszudrücken.

Wenn man die Menschen beobachtet, die zur Grotte in Lourdes pilgern, so kann man diese archetypischen Bilder deutlich mitschwingen sehen. Die Menschen gehen in die Grotte und berühren den Stein. In der Höhle fühlen sie sich geborgen wie im Mutterschoß. Da können sie ausruhen und sich wohlfühlen. Da brauchen sie nichts zu leisten, da dürfen sie einfach sein.

Für Jung ist die Überleitung der Muttersehnsucht auf ein religiöses Symbol eine Möglichkeit, der Regression zu entgehen und die Lebensenergie positiv umzuwandeln. Wenn wir bei Maria Zuflucht suchen anstatt bei unserer Mutter, sind wir frei geworden von unserer leiblichen Mutter. Natürlich kann man seine Muttersehnsucht in einer unreifen Weise auf Maria projizieren und in Maria nur einen Ersatz für seine Mutter sehen, das wäre infantil. Aber es gibt auch die Möglichkeit, die Sehnsucht durch Maria hindurch auf Gott zu richten. Gott ist nie Ersatz für die konkrete Mutter. Er steht nicht auf der gleichen Ebene wie sie. Wenn wir unsere Sehnsucht nach Geborgenheit auf Gott richten, dann werden wir wirklich frei von allem ungesunden Festklammern an Menschen. Und zugleich finden wir in uns selbst Ruhe und Halt. Wir sind nicht mehr verdammt zu rastlosem Suchen, das heute so viele umtreibt und überfordert, sondern wir haben einen Ort, an dem wir ausruhen dürfen. Wir werden unsere Sehnsucht nach der Mutter nicht mehr mit Ersatztrostmitteln stillen, mit Alkohol und Drogen, zu denen heute immer mehr greifen, um mit ihrer Sehnsucht fertig zu werden. Die Süchte haben immer etwas mit dem Verlust der Mutter zu tun und werden zur Ersatzmutter, bei der man sich endlich einmal fallen lassen und ausruhen kann. In der Marienverehrung könnten wir unsere Muttersehnsucht in einer gesunden Weise auf Gott richten und darin etwas von der Geborgenheit bei unserem mütterlichen Gott erfahren.

Das Fest der Gottesmutter sagt uns etwas über Gott selbst aus. Maria ist der Spiegel, in dem Gott sich darstellt. Maria zeigt uns die mütterliche Dimension Gottes. Maria ist keine Göttin, aber sie bringt zum Ausdruck, daß auf dem Grund der Welt etwas Mütterliches ist, eine lebensspendende und zärtliche Liebe. Greeley meint, das Fest der Gottesmutter zeige uns den weiblichen Aspekt des Seinsgrundes: „die lebensspendende Dimension Gottes – im Gegensatz zur lebensordnenden Dimension des Männlichen."[9] Das Leben ist stärker als der Tod. Und so gibt das Bild der Gottesmutter unserem Daseinsgefühl Hoffnung und Zuversicht. Auf dem Grund der Welt stoßen wir nicht auf Verzweiflung und Absurdität, sondern auf den mütterlichen Gott, bei dem wir geborgen sind, der uns zärtlich in seine Arme nimmt, damit wir bei ihm ausruhen dürfen mit unsern Ängsten und Sorgen. Die feministische Theologie betont heute, daß Gott nicht bloß Vater, sondern auch Mutter ist, daß er nicht nur männliche, sondern auch weibliche Aspekte hat. Aber die Frage ist, wie diese theoretische Einsicht in die konkrete Frömmigkeit einfließen kann. Es wäre sicher künstlich, statt „Vater unser" nun „Mutter unser" zu beten. Man kann nicht vom Schreibtisch aus Frömmigkeitsformen entwerfen. Die Marienfrömmigkeit ist der Ort, wo wir Gott als den mütterlichen Gott erfahren dürfen. Wenn wir ältere Leute an Marienwallfahrtsorten beobachten, so spüren wir etwas von ihrer Sehnsucht nach dem mütterlichen Gott, nach einem Gott, der ein menschliches, ein mütterliches Antlitz hat. Dabei dürfen wir uns nicht daran stoßen, daß die Theologie der einfachen Leute unserer Dogmatik nicht immer entspricht. Die Frömmigkeit richtet sich nie nach der Dogmatik, sondern sie entspringt der Sehnsucht der Herzen. Im Tiefsten meinen die einfachen Beter immer den mütterlichen Gott, auch wenn sie sich mit ihren Worten an Maria, die Gottesmutter, wenden. Wir müssen ihre Frömmigkeit nicht unbedingt nachahmen, aber wir müssen zumindest Ehrfurcht vor ihr haben. Wir sollen uns nie zu einer Frömmigkeitsform zwingen, erst recht nicht zur Marienfrömmigkeit. Aber wir könnten zumindest einmal probieren, wie es uns dabei geht, wenn wir uns vorurteilslos auf ein Marienlied einlassen und unsere Sehnsucht nach dem liebenden und zärtlichen Muttergott zulassen. Dabei sollen wir unsern Gefühlen trauen. Jeder hat in sich ein Gespür für das Echte und Unechte. Und jeder soll nur soweit gehen, wie ihn dieses Gespür treibt, aber weiter, als es seine Vorurteile erlauben.

Das Fest der Gottesmutter stellt uns noch einen Aspekt unseres geistlichen Lebens vor Augen. Maria als die Gottesgebärerin ist ein Bild für die Kirche, die unaufhörlich in den Christen Christus selbst gebiert, und ein Bild für den einzelnen, dessen Ziel die Gottesgeburt in seinem Herzen ist. Dieses Thema wird von den Kirchenvätern immer wieder entfaltet. Hippolyt schreibt: „Niemals hört die Kirche auf, aus ihrem Herzen den Logos zu gebären."[10] Und Methodius verbindet die Gottesgeburt in der Kirche und im Herzen des einzelnen:

„Denn zu verkünden die Fleischwerdung des Sohnes Gottes von der hl. Jungfrau, nicht aber ebenso zu bekennen, daß er auch in der Kirche in sein Fleisch komme, wäre nicht vollkommen. Ein jeder von uns muß also nicht nur seine Parusie in jenes hl. Fleisch bekennen, welches von der hl. Jungfrau war, sondern auch eine gleiche in den Geist eines jeden von uns."[11]

Das Thema „Gottesgeburt", an das uns das Fest von der Gottesmutter erinnert, wird von den Kirchenvätern zunächst auf die Kirche bezogen, dann aber immer mehr von der mystischen Theologie als Ziel des geistlichen Lebens entfaltet.

Ein Text von Ps-Chrysostomus möge dies verdeutlichen:

„Es möge also jede Seele Mutter Christi werden in ihrem Innern. Wie aber soll sie Mutter Christi werden? Jede Seele trägt in sich wie in einem Mutterschoß Christus. Wenn sie nicht umgestaltet wird durch ein hl. Leben, kann sie nicht Mutter Christi genannt werden. Jedesmal aber, wenn du das Wort Christi in dich aufnimmst und ihm Gestalt gibst in deinem Innern, es gestaltest in dir wie in einem Mutterschoß durch dein Nachdenken, kannst du seine Mutter genannt werden. Und damit du einsiehst, daß in jedem von uns Christus geformt wird, daß unsere Seele Mutter Christi, das heißt Mutter des Wortes Christi werden könne, sagt Paulus: Gal 4,19: Für Euch, meine Kinder, leide ich Geburtswehen, bis Christus in euch Gestalt annimmt."[12]

Das Thema der Gottesgeburt im Menschen wird vor allem von Gregor von Nyssa entfaltet. Das zentrale Thema seiner Mystik ist, „den lebendigen Christus im Innern haben".[13] Maximus führt diese Lehre weiter. Für ihn ist die Innewerdung des Logos eine Umschreibung des mystischen Erlebnisses. Weil die Seele den Logos in sich trägt,

„steigt sie auf zu der einfachen und ungeteilten Schau und naht sich so dem überwesentlichen Logos. Losgelöst von allem Irdischen, von aller Versklavung an sich selbst, leuchtet die Seele nun auf als das durchscheinende Haus des Hl. Geistes, weil sie in sich aufgenommen hat nach Möglichkeit die ganze Natur Gottes."

„Und durch diese Begnadigung wird Christus in mystischer Weise imerdar wollend in ihm geboren, indem er Fleisch annimmt durch die, welche gerettet werden. Und so macht er die ihn gebärende Seele zur jungfräulichen Mutter."[14]

Die Lehre von der Gottesgeburt wird von den lateinischen Vätern aufgegriffen. Bei Ambrosius wird sie allerdings weniger mystisch als aszetisch aufgefaßt. Durch die Erfüllung des Willens Gottes werden wir zur Mutter Christi. Augustinus betont dagegen wieder mehr den mystischen Aspekt, die Gottesgeburt „in der typisch augustinischen Herzensinnerlichkeit"[15]. Wir sollen nicht draußen herumschweifen, sondern zum Herzen zurückkehren, um Christus dort zu finden. Die deutsche Mystik greift die Gedanken Augustins auf, Johannes Tauler und Meister Ekkehart sprechen von der Gottesgeburt im Seelengrund und im Seelenfünklein, einem Ort, da nichts ist als reines Schweigen, Ziel allen Betens und Meditierens. Die Feier der Gottesmutter Maria möchte uns an diesen Ort in uns erinnern, da Gott geboren werden will. Sie möchte uns die Augen öffnen, daß wir diesen Ort nicht übersehen, sondern dort einkehren, um Christus im Innersten unseres Herzens zu finden. Wenn wir ihn in uns finden, dann sind wir daheim, weil das Geheimnis selbst in uns wohnt. Wir feiern Maria, um selbst geistliche Maria zu werden, Mutter Gottes, wie es Angelus Silesius im Cherubinischen Wandersmann ausdrückt: „Ich muß Maria sein und Gott aus mir gebären. Soll er mich ewiglich der Seligkeit gewähren."[16]

3. Mariä Verkündigung – 25. März

Das Fest Mariä Verkündigung entfaltet das Geheimnis unserer Erlösung auf verschiedene Weise. Einmal zeigt es uns, was Glauben bedeutet. Maria als Vorbild im Glauben will unsern Glauben stärken. Dann aber steht auch das Bild der Jungfrau im Mittelpunkt dieses Festes, ein Bild für die Gnadenhaftigkeit unseres Daseins und ein Bild der menschlichen Selbstverwirklichung. Diesen drei Aspekten wollen wir kurz nachgehen.

In der Verkündigungsszene (Lk 1,26–38) begegnen wir Maria als unserer Schwester, die auf unserer Seite steht und wie wir auf Gottes Anruf zu antworten versucht. Maria ist hier zum Vorbild des Glaubens geworden. Diese Sicht können auch unsere evangelischen Schwestern und Brüder nachvollziehen. Es ist die Sicht der Bibel, vor allem die Sicht des Evangelisten Lukas, der Maria von der anthropologischen Seite her zeichnet als die, die wie wir den Weg des Glaubens geht und uns durch ihr uneingeschränktes Ja ein Stück weit vorausgegangen ist. Neben dieser Sicht Marias als unserer Schwester im Glauben kennt die Bibel aber auch noch die mehr symbolische Sicht, die sonst in der Marienverehrung im Vordergrund steht. Johannes hat diese symbolische Sehweise begründet in den beiden Szenen, in denen er Maria erwähnt: die Hochzeit zu Kana und das Stehen Marias unter dem Kreuz. In der Hochzeit zu Kana geht es letztlich um die Hochzeit von Gott und Mensch, da Christus das Wasser als Zeichen des Menschen in den göttlichen Wein verwandelt. Am Kreuz wird diese Hochzeit verwirklicht, da Christus uns seinen Geist schenkt. Maria ist die Mutter, die uns zu dieser göttlichen Hochzeit führt. Sie ist die Mutter aller Lebendigen, die Mutter der Kirche[17]. Maria als Vorbild des Glaubens und als Mutter der Kirche zu sehen, ist gleicherweise legitim. Wer sich leichter tut, in Maria seine Schwester im Glauben zu sehen, kann das ruhigen Gewissens tun, ohne sich zur andern Sichtweise zu zwingen. Nur sollte er die andern nicht verurteilen, die die symbolische Schau von Johannes weiterführen und auf Maria all die archetypischen Bilder projizieren, die an den Marienfesten entfaltet werden.

Das Fest Mariä Verkündigung sagt uns, wer Maria durch Gott geworden ist. Der Engel Gottes nennt Maria eine Begnadete. Der Heilige Geist läßt sich auf Maria herab und macht sie zu seinem Tempel, in dem er wohnt. Maria wird die kontemplierte. Sie ist voll der Gnade, weil der Heilige Geist nun in ihr wohnt. Boff interpretiert die Verkündigungsszene pneumatologisch, d.h. er sieht darin vor allem die Sendung des Hl. Geistes auf Maria. Der Hl. Geist ruht nicht auf dem Kind im Mutterschoß, sondern direkt auf Maria. Damit sie Gottes Sohn zur Welt bringen kann, läßt sich der Hl. Geist auf sie nieder und nimmt in ihr Wohnung. Er macht sie göttlich, damit auch das Kind, das aus ihr geboren wird, Gottes Sohn genannt wird. Wenn man dieser Interpretation Boffs folgt, dann feiert durch Maria „das Weibliche zum ersten Mal Vermählung mit der Gottheit und findet zu seiner absoluten Verwirklichung – das Geheimnis Gottes offenbart weibliche Züge – das Weibliche erweist sich als von Gott, vom Hl. Geist bewohnt."[19] Das Fest Mariä Verkündigung stellt über dieses Geheimnis der Herabkunft des Hl. Geistes auf Maria keine theologischen Spekulationen an. Es feiert das Geheimnis. Und im Feiern läßt es dem Geheimnis auch Raum. Da können all unsere Ahnungen hochkommen, die Ahnungen, daß Gott sich mit dem

Menschen untrennbar verbindet, daß er einen neuen Anfang setzt und daß er so wunderbar an einer Frau handelt, daß das Kind, das in ihrem Schoß heranreift, Gottes Sohn ist, daß in ihm Göttliches entsteht. Dieses Geheimnis kann man wohl nie ganz begreifen. Aber im Feiern berühren wir das Geheimnis.

Die Kirchenväter beziehen das Bild der Jungfrau, die ein Kind gebiert, auf das Geheimnis der Kirche, die uns aus dem jungfräulichen Taufquell als Gottes Kinder gebiert. So beschreibt Papst Leo das Geheimnis der Taufe:

„Für jeden Menschen, der zur Wiedergeburt kommt, ist das Wasser der Taufe ein Bild des jungfräulichen Schoßes, wobei derselbe Geist die Taufquelle befruchtet, der auch die Jungfrau befruchtet hat."[20]

Der hl. Zeno von Verona fordert die Taufkinder auf:

„Eilet zur Quelle, dem süßen Schoß der Mutter, die immerdar Jungfrau ist! Das ist Erneuerung, das ist Auferstehung, das ist ewiges Leben."

[21] Und Petrus Chrysologus predigt:

„Darum, meine Brüder, befruchtet der Geist des Himmels den Schoß der jungfräulichen Quelle durch sein mystisches Licht, damit er alle, die die Abstammung vom Staube der Erde als Irdische geboren hat, als himmlische Menschen wiedergeboren und sie hinführte zur Herrlichkeit mit ihrem Schöpfer."[22]

Diese Texte zeigen, daß die Kirchenväter die Jungfräulichkeit nie biologisch verstanden haben, sondern immer als Bild für die Gnade Gottes, für das freie Tun Gottes, der uns aus dem Hl. Geist neu gebiert. Jungfräulichkeit zeichnet also nicht Maria allein aus, sondern sagt etwas über unseren Ursprung aus, über das Geheimnis, daß Gott selbst einen neuen Anfang setzt. Wenn wir dieses Verständnis von Jungfräulichkeit weiterführen und von der Kirche mehr auf den einzelnen schauen, dann ist das Bild der Jungfrau ein

Bild für unser wahres Selbst. Die feministische Theologie sieht in der Virginität das „Integral weiblicher Mündigkeit" und leitet aus ihr die personale Selbstbestimmung der Frau her[23]. Die Frau definiert sich nicht vom Mann her, sondern sie wird von Gott her fruchtbar; aus sich selbst, ohne Zutun des Mannes gebiert sie ein göttliches Kind. Das göttliche Kind als Symbol für das wahre Selbst, für ein Selbstbild, das nicht von den Erwartungen der andern her bestimmt ist, sondern von Gott her.

Wir dürfen das Bild der Jungfrau, die ein Kind gebiert, nicht soziologisch mißdeuten, als ob die Marienverehrung etwas gegen die Ehe hätte und in der Jungfrau das Ideal der Frau sieht. Die Jungfrau, die das göttliche Kind empfängt, ist vielmehr ein archetypisches Bild. Wir müssen es psychologisch deuten. Und da bekommt es auch für die Frau eine positive Bedeutung. Es zeigt ja, daß Maria ohne Zutun des Mannes ein Kind empfängt. Die Frau bekommt ihre Lebendigkeit also nicht vom Mann, sondern von Gott. Sie ist nicht dem Mann untertan, wie das die patriarchale Gesellschaft will, sondern sie kann in sich selbst zur Reife finden und fruchtbar werden. Dieses psychologische Bild Marias zeigt auch ein neues Frauenbild, das durchaus auch soziologische Auswirkungen haben könnte. Wenn die Frau sich nicht mehr vom Mann her definiert, sondern zu sich selbst gefunden hat, dann wird sie in der Gesellschaft auch eine neue Beziehung zum Mann entwickeln. Die Jungfrau, die ein Kind gebiert, ist sicher die höchste Form von Emanzipation, die sich denken läßt. Und dieses Bild könnte für die Frau zu einem Ansporn werden, zu ihrer Selbständigkeit und eigenen Gestalt zu finden. Aber auch für den Mann ist die Jungfrau, die ein göttliches Kind gebiert, Symbol für seinen

Weg der Selbstwerdung. Er kann zu sich selbst nur finden, wenn er die weibliche Seite in sich zuläßt, und wenn er aus sich selbst heraus von Gott her fruchtbar wird und in sich mütterlich seinen wahren Kern wachsen läßt und austrägt.

Maria ist die Jungfrau, die gebiert. Die Jungfrau ist nicht ein Symbol sexueller Reinheit oder sexueller Unterdrückung, sondern Symbol für den Beginn einer neuen Schöpfung. In der Antike hatte die Jungfrau-Göttin die Funktion, Weisheit zu spenden und den Menschen geistig zu verwandeln. Maria, die Jungfrau, die den Sohn Gottes empfängt, ist die Mutter, die uns verwandeln möchte. Sie will unsere tiefsten geistigen Kräfte wecken und uns über das rein Natürliche hinausführen und uns neues Leben schenken. Für Greeley ist die jungfräuliche Mutter eine Antwort auf die Erfahrung des Überdrusses, der Eintönigkeit, Langeweile und Banalität, die viele Menschen in der Lebensmitte machen. Maria schenkt dem mutlosen und verdrossenen Menschen wieder neues Vertrauen in den Sinn der Welt, das Vertrauen, „daß eine zärtliche und machtvolle Liebe in ihr am Werk ist"[24]. Maria als die erneuernde Jungfrau schenkt uns die Hoffnung, daß auch für uns jederzeit ein neuer Anfang möglich ist, wie es in vielen Liedern besungen wird. Da tragen die Dornen Rosen, wenn Maria durch den Dornwald geht, da blüht mitten im kalten Winter eine Rose auf, da bricht mitten in einer verfahrenen Beziehung neue Liebe auf.

Von der archetypischen Seite her stoßen wir am Fest Mariä Verkündigung auf das in der Antike verbreitete Bild der Jungfrau, die den Lichtsohn gebiert. Die Geburt aus dem Hl. Geist will uns das Wesen unserer eigenen Existenz zeigen. Wir sind nicht bloß Söhne unserer Eltern, sondern aus dem Hl. Geist geboren, Lichtsöhne, die der

Dimension des Geistes angehören. Die Jungfrau führt uns in das Geheimnis des Geistes ein. Die Frau ist in der Antike die ursprüngliche Seherin, die das weisheitsbringende Wasser aus der Tiefe holt und uns wahre Weisheit schenkt, die Weisheit aus der Tiefe, aus dem Unbewußten. Sie ist die Sophia, die Geistmutter. In der Jungfrau, die vom Hl. Geist überschattet wird, wird eine hl. Hochzeit zwischen Gott und Mensch dargestellt, der hieros gamos, von dem die Antike immer wieder spricht. Das Weibliche wird durch das Feuer des hl. Geistes entzündet und befruchtet.[25] Diese archetypischen Bilder beschreiben das Geschehen in Maria, in der die Sehnsucht aller Menschen erfüllt worden ist. Aber sie beschreiben zugleich auch den Weg unserer eigenen Menschwerdung. Sie führen uns ein Stück näher zur Ganzheit und zur Verwandlung unserer irdischen Existenz in eine geistige. Wir haben, um mit Graf Dürckheim zu sprechen, einen doppelten Ursprung. An den göttlichen Ursprung erinnert uns das Fest Mariä Verkündigung.

Die Jungfrau, die zugleich Mutter ist, ist ein Archetyp für den Menschen. Angelus Silesius hat das gewußt, wenn er schreibt: „Die Jungfrauschaft ist wert, doch muß sie Mutter werden, sonst ist sie wie ein Plan von unbefrucht'ter Erden." Und an einer andern Stelle: „Ist deine Seele Magd und wie Maria rein, so muß sie augenblicks von Gottes schwanger sein."[26] Jeder von uns ist eine Jungfrau, die Mutter werden soll, die Gottes Sohn zur Welt bringen soll. Wir brauchen dazu weder Mann noch Frau, sondern nur Gott. Von Gott sollen wir schwanger werden. Er soll uns befruchten, damit wir das Kind zur Welt bringen, unsere eigene Gestalt in ihrer Ursprünglichkeit und Echtheit. Wir finden nur zu unserem

Kern, zu unserem Selbst, wenn wir Gottes Wort empfangen, vom Hl. Geist schwanger werden.

Das Bild der jungfräulichen Mutter erinnert uns also an unsere Gottunmittelbarkeit. Wir definieren uns nicht von den Menschen her, weder von ihrem Lob noch von ihrem Tadel, wir sind nicht gezeugt durch ihre Zuwendung und ihren Einfluß, sondern in jedem von uns ist ein Kern, der gottunmittelbar ist. Unser wahres Selbst empfangen wir von Gott. Und dieses Selbst kann kein Mensch vernichten. Es ist ein göttliches Kind, gegen das kein Herodes ankommt, wenn er noch so wütet, und das auch auf der Flucht in die Fremde unverletzt bleibt. So gibt uns das Fest Mariä Verkündigung Mut zu uns selbst. Es zeigt uns unser wahres Wesen, unsere Freiheit, und läßt uns die Liebe Gottes aufscheinen, die sich um jeden von uns so intensiv kümmert, daß er von Gottes Liebe schwanger werden kann.

4. Mariä Heimsuchung — 2. Juli

Das Fest Mariä Heimsuchung hat seinen Ursprung in der Marienfrömmigkeit des Franziskanerordens und wurde 1263 eingeführt. Es erfreut sich beim Volk großer Beliebtheit. Die Szene, da die beiden Frauen Maria und Elisabeth sich begegnen, lädt einfach dazu ein, sie zu meditieren und sie zu feiern. Das Fest läßt diese Szene einen Tag lang gegenwärtig sein. Wir denken nicht nur drüber nach, wie man es in einer persönlichen Schriftbetrachtung ja jederzeit auch tun könnte. Das Fest, das auch die evangelische Kirche kennt, spricht eine tiefe Sehnsucht an, die Sehnsucht nach echter Begegnung. Die Begegnung zwischen Maria und Elisabeth übt deswegen eine solche Faszination aus, weil wir uns alle danach sehnen, einem Menschen so begegnen zu können, daß in uns im Innersten etwas vor Freude aufhüpft, daß wir das Geheimnis des andern erkennen und mit dem andern ganz eins werden, wie es die Künstler des Mittelalters in ihrer Darstellung dieser Szene gezeigt haben.

Beda sieht hier Maria als die „Logosträgerin, die mit dem ewigen Wort unter ihrem Herzen über die Berge geht“[27]. Sie ist Vorbild für die Seele, die in ihrem Herzen Christus empfängt und Christus im Herzen tragend mit großen Schritten der Liebe die höchsten Berge überschreitet. Wer Christus im Herzen trägt, der kann nach Beda viele Hindernisse überwinden. Er hat in Christus die Quelle der Liebe in sich und kann die Berge überqueren, die uns von einander trennen. Die Liebe Christi treibt uns zum andern. Und sie zeigt uns den Weg zu ihm, über alle Gebirge hinweg, die zwischen uns stehen. Für Beda ist die Gottesgeburt im Herzen der Gläubigen die Bedingung, daß sich zwei Menschen so begegnen können wie

Maria und Elisabeth.

Wenn Menschen sich wirklich einander begegnen, dann werden sie anders, dann gehen sie anders aus der Begegnung heraus. Die Begegnung verwandelt sie. Das will uns die Szene bei Lk 1,39ff zeigen. Maria macht sich auf den Weg. Sie will Elisabeth besuchen, sie hat nicht irgendwelche Absichten, sie will weder helfen, noch ihr etwas sagen. Sie will einfach Elisabeth treffen. Der Mensch ist ihr genug. Ihm will sie begegnen.

Als ich in einer Gruppe von Jugendlichen diesen Text besprach, da erzählten mir die Jugendlichen spontan, wie selten für sie wirkliche Begegnung ist. Sie gehen halt zur Freundin, um mit ihr Kaffee zu trinken, um jemand zu haben, mit dem man reden, wo man sich „ausquatschen" kann. Man will also etwas vom andern. Man will nicht ihn, sondern etwas von ihm. Man hat Absichten mit ihm. Maria hat keine Absichten mit Elisabeth. Sie will allein diesem Menschen als Mensch begegnen.

Was zwischen Maria und Elisabeth geschieht, das könnte in jeder echten Begegnung geschehen. Da weckt der eine das Kind im andern zum Leben und läßt es aufhüpfen. Und da erkennt der eine im andern sein Geheimnis, das ihn übersteigt, da begegnet einer im andern Christus selbst. Da erfährt er ihn nicht mehr als Konkurrenten, bei dem ihm Angst hochkommt, ob er wohl besser ist als er, von Gott geachteter, mehr wert. Da steht er nicht unter dem Druck, dem andern imponieren, ihn für sich gewinnen, ihn vereinnahmen zu müssen. Und auch nicht in der Angst, von ihm vereinnahmt zu werden. Er begegnet dem Geheimnis des Menschen und darin seinem eigenen Geheimnis. Es kommt nicht mehr darauf an, wer nun mehr profitiert von dieser Begegnung. Jeder kommt auf seine Kosten, weil jeder lebendig wird und verwandelt aus der Begegnung herausgeht.

Das Fest der Heimsuchung Mariä ist wohl deshalb so beliebt beim Volk, weil es sich nach solcher Begegnung sehnt. Das Fest schenkt uns die Hoffnung, daß auch wir einander so begegnen können, daß einer den andern zum Leben weckt. Dann wären wir frei von den Vorstellungen, was der andere über uns wohl denkt. Dann wären wir frei von dem Zwang, dem andern unsern Wert beweisen zu müssen, frei von der Angst, vom andern abgelehnt zu werden. Dann würden wir aufblühen, wir würden am Reichtum und am Geheimnis des andern teilhaben und einander beschenken. Wir würden miteinander etwas berühren, was uns übersteigt. Danach sehnen wir uns, daß Begegnung mit dem andern so dicht wird, daß wir Gott selbst berühren, daß wir an ein Geheimnis rühren, das uns eine neue Dimension des Lebens erschließt.

Doch gehen wir dieser Begegnung Schritt für Schritt nach. Maria macht sich auf den Weg. Sie steht auf und geht aus sich heraus, aus ihrem Haus, in dem sie geschützt und geborgen lebt. Sie wagt es, ihren eigenen Weg zu gehen, und dieser Weg führt sie in die Fremde. Dort ist sie ungeschützt, ohne den Halt der Eltern. Maria übersteigt ein hohes Gebirge, um zu Elisabeth zu gelangen. Zwischen uns und dem andern liegen oft Berge von Vorurteilen und Hemmungen, Berge von Gedanken, die uns davon abhalten, auf den andern zuzugehen: wir wissen ja nicht, ob er Zeit hat, ob ihm unser Besuch gelegen kommt, ob wir ihm zur Last fallen, ob wir die richtigen Worte finden usw. Wir müssen über das Gebirge unserer Ängste und Blockaden und über die Berge unserer Bequemlichkeit gehen, um wirklich beim andern anzukommen. Wenn wir so lange aus uns herausgegangen sind, dann können wir den andern so dicht an uns heranlassen, wie das in manchen Bildern dargestellt wird. Dann berühren wir im andern das Geheimnis Gottes, das ihn übersteigt. Wir erkennen, daß wir der Mutter unseres Herrn begegnen. Und von dieser Begegnung kommt in uns etwas zum Leben. Das Kind in uns hüpft auf, wir berühren im andern auch unsern eigenen Kern. In der Begegnung mit dem andern begegnen wir uns selbst, kommen wir in Kontakt zum unverfälschten und spontanen Ursprung unseres Wesens.

Zugleich geht uns in einer echten Begegnung das Geheimnis des andern auf. Wir spüren, wer er wirklich ist, daß da in ihm die Mutter unseres Herrn zu uns kommt, daß das innerste Geheimnis des andern Christus selbst ist, und so berühren wir in der Begegnung mit dem andern Gott selbst. Echte Begegnung läßt die Begegnenden immer an ein Geheimnis rühren, das beide übersteigt. Es entsteht Dichte, Gegenwart, Gott selbst wird erfahrbar. In so einer Begegnung sind wir frei von allen ängstlichen Überlegungen, ob wir wohl die richtigen Worte finden oder eine gute Figur machen. Begegnung läßt die Ebene hinter sich, auf der wir uns gegenseitig messen, wer nun stärker ist oder besser, reifer oder weiser. Wir begegnen dem Geheimnis des andern und in ihm unserem eigenen Geheimnis. Wir gehen beschenkt und verwandelt aus der Begegnung heraus.

Die Begegnung mündet in Lobpreis. Zunächst preist Elisabeth Maria: „Selig ist die geglaubt hat." (Lk 1,45). Sie erkennt das Geheimnis Mariens und bringt es zur Sprache. Und indem sie Maria preist, wird sie selbst lebendig, das Kind hüpft vor Freude in ihr auf. Maria führt den Lobpreis weiter und richtet ihn auf Gott. Sie preist die Größe des Herrn und jubelt über Gott ihren Retter. Ihr geht in der Begegnung mit Elisabeth das Geheimnis ihres eigenen Lebens auf. Sie versteht auf einmal, was an ihr geschehen ist, was Gott an ihr getan hat. Und sie versteht das Geheimnis der Welt und Gottes überhaupt. Alles wird klar, durchsichtig auf Gott hin. Gott ist der, der mit seinem Arm überall machtvolle Taten vollbringt. Er hat das Geschick der Welt in der Hand und stürzt die Mächtigen vom Thron.

Die feministische Theologie und die Befreiungstheologie haben in gleicher Weise das Magnifikat als Kampflied Marias gegen Unterdrückung und Unrecht verstanden. Für die feministische Theologie ist es wichtig, daß eine Frau dieses Befreiungslied singt. Maria drückt in ihrem Lied die Hoffnung aus, daß Gott die Machtverhältnisse umkehrt und für alle Unterdrückten, — gerade auch für die Frauen — neue Lebensmöglichkeiten schafft.[28] Chatharina Halkes nennt das Magnifikat einen „Brocken Dynamit", den die feministische Theologie zur Explosion bringen will, um verhärtete Strukturen und patriarchale Deutungsmuster aufzubrechen. Wie Maria, so hätten heute die Frauen die Aufgabe, auf Unrecht und Unterdrückung hinzuweisen. Denn sie haben mehr Gespür für das, was dem Menschen gut tut, was er zu seinem Wachsen und Reifen braucht.

Die lateinamerikanische Befreiungstheologie sieht im Magnifikat das Lied der armen Leute, ein Lied der Hoffnung, daß Gott der Herr ist und daß er die Strukturen dieser Welt umkehren wird, und zugleich als Protestlied, als Aufschrei gegen die Unterdrückung. Maria ist hier keine passive Frau, die mit allem einverstanden ist, sondern die Protestierende. Mit ihr können sich die Armen Brasiliens identifizieren. Und das Gefühl, daß Maria auf ihrer Seite steht, daß sie mit ihnen gegen das Unrecht schreit, bewahrt sie davor, sich selbst aufzugeben, aber auch davor, sich in einen gewaltsamen Kampf um Befreiung zu stürzen. Das Vertrauen auf den Gott, der die Reichen leer ausgehen läßt, gibt ihnen den langen Atem, auf eine Umkehr von Gott her zu hoffen, eine Umkehr, für die man zwar kämpfen muß, aber eben nicht mit Gewalt, sondern mit den Waffen des Gebetes, das allein in die Denkgewohnheiten der Reichen Bewegung bringen kann. Das Gebet schenkt den Armen Brasiliens das Vertrauen, daß Gott auf ihre Niedrigkeit und Armut schauen und sich ihrer erbarmen wird.

Das Magnifikat ist aber nicht nur das Lied der soziologisch Armen, sondern auch der Armen im Geiste, der Armen im Sinne des AT, die sich vor Gott als arm erfahren, die ihren Abstand von Gott spüren, die in ihrem geistlichen Leben immer wieder auf ihre Ohnmacht stoßen, auf ihre Unfähigkeit, aus eigener Kraft nach Gottes Willen zu leben. Für sie ist dieses Lied ein Lied der Zuversicht und ein Lied der Freiheit. Sie drücken darin ihren Glauben aus, daß Gott an ihnen Großes tut, daß seine Kraft in ihrer Schwäche zur Vollendung kommt und daß er ihren Hunger stillt. So finden sich in diesem Lied alle wieder, die auf ihrem Weg zu Gott an ihre Grenzen stoßen, an die Grenzen äußeren Unrechts und äußerer Armut, aber auch an die Grenzen der eigenen Sündhaftigkeit und Schwäche. Mit Maria fühlen sie sich in diesem Lied verbunden und mit Maria können sie ihre Situation annehmen und zugleich hoffen, daß Gott sich ihrer erbarmen und Großes an ihnen tun wird.

5. Fest der Aufnahme Mariens in den Himmel – 15. August

Das Fest der Aufnahme Mariens in den Himmel ist ein Fest unserer eigenen Hoffnung. Wir feiern in Maria eine von uns, die schon am Ziel angekommen ist, die mit Leib und Seele in den Himmel aufgenommen worden ist. Maria ist eine von uns. Natürlich ist auch Jesus einer von uns. Und das Fest seiner Himmelfahrt könnte uns genügen, um uns an unsere himmlische Zukunft zu erinnern. Aber Jesus ist als der Sohn Gottes doch herausgehoben von der menschlichen Gemeinschaft. Maria dagegen ist in nichts von uns unterschieden.

„Wenn wir von Maria die Vollendung ihrer Herrlichkeit aussagen wollen, dann können wir von ihr auch nur sagen, was wir auch für uns als unsere Hoffnung bekennen: die Auferstehung des Fleisches und das ewige Leben."[29] Wir preisen an diesem Fest „die überschwengliche Größe der ewigen, alles überbietenden Herrlichkeit, die uns zuteil werden soll, und in ihrem Preis die Größe jedes Menschen, wie sie das Erbarmen der Gnade Gottes erdacht hat."[30]

Das Fest läßt sich zwar als solches nicht aus der Bibel ableiten, aber es hat eine lange Tradition. In der Ostkirche wurde es schon bald nach dem Konzil von Ephesus (431) gefeiert. Und im Grunde will es nur im Bild ausdrücken, was die Bibel uns allen verheißt. Es illustriert die Paulusworte:

„Wenn unser irdisches Zelt abgebrochen wird, dann haben wir eine Wohnung von Gott, ein nicht von Menschenhand errichtetes ewiges Haus im Himmel." (2 Kor 5,1) Und: „Schon jetzt liegt für mich der Kranz der Gerechtigkeit bereit, den mir der Herr, der gerechte Richter, an jenem Tag geben wird, aber nicht nur mir, sondern allen, die sehnsüchtig auf sein Erbarmen warten." (2 Tim 4,8)

C.G. Jung hält die Verkündigung des Dogmas

von der leiblichen Aufnahme Mariens in den Himmel „für das wichtigste religiöse Ereignis seit der Reformation"[31]. Er meint, man müsse das Dogma psychologisch interpretieren und nicht historisch-systematisch. Für den psychologischen Verstand ist es durchaus einleuchtend. Es nimmt die in der Tiefe des kollektiven Unbewußten liegenden Bilder und Ahnungen vom Geheimnis der Menschwerdung auf und verleiht ihnen Ausdruck. Daher ist dieses Dogma im höchsten zeitgemäß.

Jung wirft dem protestantischen Standpunkt, der das Dogma aus historisch-systematischen Gründen ablehnt, vor, er habe „die Fühlung mit den gewaltigen archetypischen Entwicklungen in der Seele des Einzelnen wie der Masse"[32] verloren. „Er scheint einem rationalistischen Historismus verfallen zu sein und das Verständnis für den Hl. Geist, der im Verborgenen der Seele wirkt, eingebüßt zu haben." Er setzt sich damit „dem Odem einer bloßen Männerreligion, die keine metaphysische Repräsentation der Frau kennt", aus. „Der Protestantismus hat offenbar die Zeichen der Zeit, die auf die Gleichberechtigung der Frau hinweisen, nicht genügend beachtet. Die Gleichberechtigung verlangt nämlich ihre metaphysische Verankerung in der Gestalt der „göttlichen Frau", der Braut Christi."

Das Dogma erfüllt die Sehnsucht nach der Überwindung der Gegensätze zwischen Mann und Frau, die die Seele in eine gefährliche Spannung versetzen und sie in Unrast und Hetze treiben. Mit rationalen Mitteln können wir die Spannung nicht beheben, da brauchen wir eben solche Symbole, wie sie die Aufnahme Mariens in den Himmel darstellt. Indem wir das Fest Mariä Himmelfahrt feiern, kommt in unserer Seele etwas in Bewegung, die Gegensätze zwischen männlich und weiblich gleichen sich aus, ohne daß wir merken, wie das geschieht. Der Prozeß läuft über das Unbewußte. Und so kommen wir durch so ein Fest unserem Selbst, das Gott und Mensch, Mann und Frau in sich vereinigt, ein Stück näher.

Gegenüber der Selbstwerdung, die nach C. G. Jung vor allem das Ziel dieses Festes ist, betonen die Kirchenväter einen andern Aspekt: die Heiligung unseres Leibes. So läßt Ephräm der Syrer in einer Predigt Maria sprechen:

„Das Kind, das ich trug, hat mich unter seine Adlerflügel genommen und hat mich durch die Lüfte in die Höhen hinaufgetragen." Und zu Jesus sagt Maria: „Wahrlich, deine Schwester bin ich, da unser beider Stammvater David ist. Deine Mutter bin ich, da ich dich empfing. Deine Braut bin ich, da du mich erkauft hast mit dem Preis deines Todes und mich wiedergebären willst durch deine Taufe. Es kam der Sohn des Allerhöchsten und ruhte in meinem Schoß. Und ich bin seine Gebärerin geworden. Aus mir geboren hat er hinwiederum mich in neuer Geburt wiedergeboren, da er die Mutter umkleidete mit neuem Gewand: sein eigen Fleisch hat er sich einverleibt, und sie hat seinen ihm eigenen Sonnenglanz angezogen."[33]

So wie das Fleisch Mariens mit dem Sonnenglanz Christi umgeben wird, so wird unser aller Fleisch nach dem Tod in das Licht Christi eintauchen und von ihm durchdrungen werden. An Mariä Himmelfahrt feiern wir also mit Maria unser eigenes seliges Ende und Ziel, unsere Aufnahme in den Himmel, unsere Verklärung durch Christus. Die Kirchenväter stellen das im Bild des Mondes dar, den sie Maria als Attribut zuteilen. Wie der Mond sein Licht allein von der Sonne empfängt, so taucht Maria in ihrem Tod ewig und unveränderlich ins Licht der Sonne Christus ein. Genauso, sagen die Väter, wird die Kirche in das Sonnenlicht Christi heimkehren, „in die endzeitliche Verklärung des Fleisches".

„Wunderbares Neuwerden wie die Jugend des Adlers, Umleuchtetsein von Christus, der verklärten Sonne der schönen Ewigkeit: all diese Bilder leuchten auf, wenn die Väter von der endzeitlichen Jugend der Kirche sprechen. So sagt Augustinus von der Kirche: „An jenem Tage, wo sie erhöht sein wird, – im Lichtglanz der Fleischesauferstehung mit Christus zu herrschen, wird sie sein wie die nach dem Altwerden sich erneuernde Jugend des Adlers. Dann schwebt sie zur Höhe wie einst, es vollzieht sich an ihr die Auferstehung – so wie wir es im Bilde sehen an Luna, die abnimmt und gleichsam abstirbt, um doch wieder neu geboren zu werden – zum vollen Licht zu wachsen – siehe, darin ist sie Sinnbild der Auferstehung."[34]

In all diesen Texten wird Maria als Bild für die Kirche und für den einzelnen gesehen. Wenn ihr Fleisch jetzt schon an der himmlischen Verklärung teilhat, dann ist das auch eine Verheißung für uns. Auch wir werden mit Leib und Seele aufgenommen werden am Ende unseres Lebens. Leib, das meint alle Erfahrungen und Erlebnisse, die wir hier auf Erden gemacht haben. Sie werden aufgehoben in den Himmel. Sie werden nicht einfach vergangen sein, sondern hineingehoben in die Ewigkeit. Leib, das meint aber auch unser Fleisch, gegen das wir oft rebellieren, weil es uns den andern in einer Weise enthüllt, die wir am liebsten verdecken möchten. Im Leib werden wir für die andern sichtbar, erkennbar, durchschaubar. Wir können ihnen nichts vormachen. An unserem Leib kann jeder ablesen, wie es um uns steht, wo wir verkrampft sind, wo wir uns festhalten, wo wir etwas verdrängen. Unsere Krankheiten offenbaren unsere innere Situation, unsern Ärger, unsere Enttäuschung, unsere Zerrissenheit und Unzufriedenheit. Dieser Leib, der den andern so schonungslos aufdeckt, wer wir sind und wie wir uns eigentlich fühlen, wird in Gott hineingerettet, er wird verklärt und von Gottes Herrlichkeit durchdrungen.

Von vielen wird der Leib heute vergötzt. Sie erhoffen sich von ihm sexuelle Erlebnisse und darin eine intensive Lebendigkeit. Manchen scheint nur die sexuelle Erfahrung das wahre Leben zu verheißen. Aber sie werden immer wieder enttäuscht. Der Leib ist vergänglich und hält nicht, was er verspricht, wenn er vom Geist getrennt wird. Dann braucht man immer neue sexuelle Erfahrungen, um sich überhaupt am Leben zu fühlen. Der Leib, – vergötzt und erniedrigt zugleich, – ist in Maria in den Himmel aufgenommen. Er ist bei Gott. So ist das Fest Mariä Himmelfahrt ein frohes und hoffnungsvolles Fest, ein Fest, das den Leib bejaht, das das Leben bejaht, weil es den Tod schon überwunden hat. Unser Leib ist für ewig hineingerettet in das Leben Gottes.

Welch ein positives Menschenbild spricht aus diesem Fest, welch eine Würde verleiht es unserm Leib, welch eine Chance für uns, uns auszusöhnen mit unserm Leib, ihn liebzugewinnen als unsern wichtigsten Partner auf dem geistlichen Weg. Wenn unser Leib dazu berufen ist, in den Himmel aufgenommen zu werden, dann müssen wir gut mit ihm umgehen. Er ist jetzt schon ein Tempel des Heiligen Geistes wie bei Maria. Und er wird im Himmel ganz vom Hl. Geist durchdrungen sein. Er wird hineingehoben in Gott, von Gott verwandelt.

Karl Rahner beschreibt das Geheimnis des Festes so:

Das arme Fleisch, das die einen hassen und die andern anbeten, ist schon gewürdigt, ewig bei Gott und so ewig gerettet und bestätigt zu sein. Nicht nur im Sohn des Vaters, der „von oben" kommt, sondern in einer unseres Geschlechtes, die wie wir „von unten" war. Die „Existenz" im Hier und Jetzt des Fleisches, das Thema aller heutigen Philosophie vom Menschen, ist weder die Mauer, die uns ewig von Gott trennt und uns ewig zu „Gottlosen" macht, noch dasjenige, das abgetan werden müßte (wiewohl es „verwandelt" werden muß), um zu Gott selbst zu gelangen. Das Fleisch ist vielmehr vom Vater über allen Abgründen geschaffen, vom Sohn erlöst, vom Geist geheiligt und – schon ist es auch für ewig gerettet.[35]

Rahner hat die Verkündigung der Aufnahme Marias in den Himmel als Antwort auf die Fragen der Existenzphilosophie verstanden. Heute ist das Bewußtsein der Menschen von andern Strömungen geprägt. Die Meditationsbewegung und die esoterische Welle haben in gleicher Weise den Leib in den Mittelpunkt gerückt. Der Leib wird in seiner Durchlässigkeit für überirdische und göttliche Kräfte gesehen. Das Fest will uns sagen: Es sind nicht nur ätherische Schwingungen, die den Leib verfeinern und vergeistigen, sondern die Herrlichkeit Gottes will sich in unserm Leib widerspiegeln.

Mariä Himmelfahrt entfaltet, was das Epiphaniefest schon gefeiert hat: die Erscheinung Gottes in unserm Fleisch. Unser Fleisch ist fähig, die Herrlichkeit Gottes widerzuspiegeln. Der Abt John Eudes Bamberger gab Henry Nouwen einmal als Aufgabe, den Satz zu meditieren und mit ihm einen ganzen Tag schwanger zu gehen: „Du bist die Herrlichkeit Gottes." Das ist die Botschaft dieses Festes. Es will uns zu einer andern Erfahrung unseres Leibes führen: unser Leib ist schön, er ist durchlässig für Gottes Herrlichkeit. Er ist durch die Menschwerdung Jesu gewürdigt, Gott in sich zu tragen. Und er ist dazu bestimmt, von Gott verwandelt zu werden, so daß auch von uns einst gelten wird, was Matthäus vom verklärten Jesus sagt: „Sein Gesicht leuchtete wie die Sonne und seine Kleider wurden blendend weiß wie das Licht." (Mt 17,2)

Diese Botschaft muß jedoch auch der Realität des kranken Menschen standhalten, der unter seinem Leib leidet, dessen Leib entstellt ist und von

Krebsgeschwüren zerfressen wird. Auch der kranke Leib ist zur Vollendung berufen. Er ist vor Gott nicht minderwertig. Im Gegenteil: von ihm gilt die Erfahrung, die Paulus mit seinen leiblichen Gebrechen gemacht hat: „Wenn auch unser äußerer Mensch aufgerieben wird, der innere wird Tag für Tag erneuert." (2 Kor 4,16) Es ist kein oberflächlicher Kult des Leibes, den wir mit dem Lobpreis der in den Himmel aufgenommenen Jungfrau treiben, sondern die Ahnung, daß unser Leib gerade in seiner Hinfälligkeit aufgebrochen wird für die Herrlichkeit Gottes, die alles Begreifen übersteigt.

In Maria ist ein Teil der Schöpfung in den Himmel aufgenommen. Das Fest Mariä Himmelfahrt hat daher auch kosmische Bedeutung. Maria wird als das große Zeichen am Himmel gesehen: „ein großes Zeichen erschien am Himmel: eine Frau, mit der Sonne umkleidet, zu ihren Füßen der Mond, auf ihrem Haupte ein Kranz von 12 Sternen" (Apk 12,1). Maria wird also mit kosmischen Bildern geschmückt. Die Sonne ist Symbol für Gott, der Mond in seiner abnehmenden und zunehmenden Gestalt Symbol für den vergänglichen Menschen. Maria steht auf dem Mond. „Hier lebt die uralte, nie ganz vergessene Ahnung fort, daß jenseits des Mondes und seiner zu Trauer stimmenden Wandelbarkeit das ruhevolle unabänderliche Reich des Geistes liege, aus dem die Seelen stammen und zu dem sie sehnsüchtig zurückzukehren verlangen."[36]

Maria ist für die Kirche Zeichen der Hoffnung, daß der ganze Kosmos verwandelt und verklärt wird und die Schönheit Gottes widerspiegelt.

In Maria ist ein Stück der Schöpfung schon verwandelt worden. Ein Zeichen für den Glauben an die kosmische Bedeutung der Aufnahme Mariens in den Himmel ist der schon im Frühmittelalter bezeugte Brauch der Kräuterweihe. Dabei sollen keine Blumen geweiht werden, sondern nur Kräuter, die der Nahrung dienen und Heilkräuter. Die Kräuterweihe am Fest Mariä Himmelfahrt will uns die Augen öffnen für die Schöpfung, durch die Gott zu uns spricht. Durch die Menschwerdung Gottes in Maria ist die ganze Schöpfung geheilt worden und so kann sie uns wieder zum Heile werden, wenn wir ihre Kräfte in der rechten Weise nutzen. Während durch Eva der Mensch vom Baum des Lebens ausgeschlossen wurde, hat ihm Maria den Weg zu den Kräutern des Lebens wieder erschlossen.

In Maria schauen wir nicht nur die Herrlichkeit, die Gott für uns bereithält. Sie öffnet uns auch die Augen für die Herrlichkeit Gottes, die uns in der Schöpfung aufstrahlt. Von Maria fällt ein Licht auf die Schöpfung. Wenn ihr Leib verklärt ist, dann ist damit ein Teil der Schöpfung verklärt. Und so ist an einem Punkt unsere Schöpfung wieder offen geworden für die Schönheit, die Gott dem ganzen Kosmos zugedacht hat, wenn er ihn im Tod in sich hinein verwandeln wird. Daß die Verklärung Marias die gesamte Welt berührt, hat Anselm von Canterbury in einer Predigt besungen:

Himmel und Sterne, Erde und Flüsse, Tag und Nacht, alles, was bestimmt ist, dem Menschen untertan zu sein und ihm Nutzen zu bringen, sie alle beglückwünschen sich, Herrin, daß sie durch dich zu der verlorenen Schönheit von einst wiedererweckt und mit einer neuen, unsagbaren Gnade beschenkt sind . . . Gott selbst, ihren Schöpfer, spüren sie nicht nur als unsichtbaren König und Herrscher über sich, sondern sie erblicken ihn sichtbar in ihrer Mitte, wie er Gebrauch von ihnen macht und sie heiligt . . . O Frau, voll und übervoll der Gnade, von deiner überströmenden Fülle ist die ganze Schöpfung benetzt und prangt in frischem Grün. Du gesegnete, in höchstem Maß gesegnete Jungfrau! Der Segen über dir ist Segen für die ganze

Natur. Gesegnet ist die Schöpfung vom Schöpfer und gepriesen durch seine Schöpfung.[37]

6. Mariä Geburt — 8. September

Innerhalb einer Woche feiert die Kirche im September drei Marienfeste, die in der Volksfrömmigkeit stark verwurzelt sind: Mariä Geburt, Mariä Namen und Mariä Schmerzen. Alle drei Feste lassen sich nicht aus der Bibel ableiten. Es sind Traditionsfeste, die dem Bedürfnis des Volkes entspringen, das Geheimnis der Erlösung in immer neuen Bildern zu meditieren und zu feiern. Es geht immer um das eine Geheimnis, daß Gott Mensch geworden ist, daß er aus einer Frau geboren wurde. Diese Frau hat einen Geburtstag wie wir, sie trägt einen Namen wie wir und sie leidet Schmerzen wie wir. Daß Gott durch einen Menschen wie wir geboren wurde, das kann man nie verstehen, das kann man nur immer wieder meditieren, darüber staunen, es in seiner Phantasie ausmalen und im Fest gestalten und feiern.

Daß das Geburtsfest gefeiert wird, hat Maria mit Johannes dem Täufer gemeinsam. Bei beiden ist der Grund klar. Die Kirche feiert ihre Geburt, nicht um den Menschen als Menschen zu ehren, sondern weil sie bereits in der Geburt das Wirken Gottes sieht. Gott hat sich Maria als Werkzeug auserwählt. Es ist nicht ihr Verdienst, daß sie Mutter Gottes wurde, sondern Gottes freie Gnade. So sagt Andreas von Kreta in einer Predigt zu diesem Fest:

Das meint das heutige Fest, dessen Anlaß die Geburt der Gottesmutter ist, dessen Ziel und Ende jedoch die Vereinigung des Wortes mit dem Fleisch ist. Eine Jungfrau wird geboren, gepflegt und herangezogen und zur Mutter geformt für Gott, den König der Ewigkeiten. So singe und tanze also die ganze Schöpfung und trage etwas bei, was des Tages würdig ist. Der heutige Tag werde ein gemeinsames Fest für Himmel und Erde. Alles, was auf Erden ist und über der Erde, soll zusammen feiern. Heute wurde das Heiligtum für den Schöpfer des Alls errichtet. Die Schöpfung bereitete dem Schöpfer ein neues und würdiges Haus.[38]

Die Kirche feiert das Fest der Geburt Mariens, um das Geheimnis zu preisen, daß Gott eine Frau gewürdigt hat, Mutter Gottes zu sein. Indem die Kirche sich über die Geburt Marias freut, freut sie sich über Gottes Handeln, über den Beginn des Heiles, den er gesetzt hat. Weil sie Gottes Handeln nur in seinen Auswirkungen beschreiben kann, hält sie uns das Bild der Geburt Mariens vor Augen. Man kann Gott nur konkret feiern. Die Feier der Geburt Mariens konkretisiert Gottes Handeln für das Volk. Es hat also wenig Zweck, sich zu streiten, ob so ein Fest nötig sei oder nicht. Wie Gottes Handeln an uns Ausfluß seiner verschwenderischen Liebe ist, so will auch die Kirche verschwenderisch umgehen mit dem Lobpreis Gottes. Im Fest Mariä Geburt liegt etwas Spielerisches.

„Das Fest Mariä Geburt ist am meisten von allen Marienfesten das Fest des Spieles der Gnade Gottes, in dem das schöpferische Wort Gottes selbst im Spiel seine Gnadenwahl geradezu zum Spielgefährten des Menschen geworden ist."[39]

7. Mariä Namen — 12. September

Auch hier mag man sich fragen, was dieses Fest bedeuten soll. Aber es ist nur aus dem freien und nutzlosen Spiel der Liturgie her verständlich. Das Volk will in immer neuen Nuancen Gottes Heilshandeln feiern, das sich in Maria am anschaulichsten und schönsten widerspiegelt. Und eine solche Spiegelung von Gottes Liebe ist der Name Mariens. Nomen est omen, sagen die Lateiner. Der Name sagt über den Menschen, der ihn trägt, schon etwas aus.

Es gibt verschiedene Deutungen des Namens Mariens.

„Der Name Maria besteht aus 2 Wurzeln, einer ägyptischen und einer hebräischen. Myr besagt im Ägyptischen: Geliebte, während jam im Hebräischen eine Abkürzung für Jawe ist. Somit bedeutet Maria oder Mirjam: die Geliebte Jahwes oder Vielgeliebte Gottes.“[40]

Maria ist also die Geliebte Gottes. Gott hat sie dazu auserwählt, Gefäß des Hl. Geistes und Mutter Gottes zu werden.

„Mit der Bevorzugung Marias sollen die übrigen Frauen nicht herabgesetzt werden. Gott der Vater will an Maria, d.h. schon innerhalb der Geschichte, zeigen, was er für alle Frauen — nach dem Modell Marias — bereithält. Das Weibliche der Schöpfung wird in die Dimensionen Gottes erhoben. Durch Maria und in Maria, der Vielgeliebten, gibt Gott uns sein weibliches, jungfräuliches und mütterliches Antlitz zu erkennen.“[41]

Nach einer anderen Ableitung würde Maria die Erhöhte, die Erhabene bedeuten. In der Tradition wurde Maria noch von andern Worten her abgeleitet. Das hebräische Wort „mar“ heißt bitter, „jam“ das Meer. Maria würde dann heißen: Meer der Bitterkeit. Das würde auf die Mater dolorosa hinweisen, die am Leiden Christi teilhat. Andere leiten Maria von „mir“ her, das Erleuchter meint. Dann wäre Maria die Erleuchterin des Meeres, oder wie es in der Tradition genannt wurde: der Meeresstern. Bernhard von Clairvaux sagt von diesem Meeresstern: „Nimm Maria hinweg, diesen Stern des Meeres, des großen weiten Meeres! Was bleibt da übrig als hereinbrechendes Dunkel, das alles ringsum in Todesschatten und tiefste Finsternis hüllt."[42] In der Volksfrömmigkeit wurde das Lied „Meerstern, ich dich grüße" beliebt als Übersetzung des alten Marienhymnus „Ave maris stella" aus dem 8. Jhd. Hier werden archetypische Bilder auf Maria bezogen. Meer ist ein Bild für die Gefahren, die uns bedrohen, für den Abgrund, in den wir fallen können, und für das Unbewußte, das uns verschlingen möchte.

Wenn wir den Hymnus „Ave maris stella" oder das Lied „Meerstern ich dich grüße" singen, dürfen wir die Bilder nicht theologisch ausquetschen. Wir sollen lieber fragen, was so ein Lied in uns bewirkt. Da werden unbewußte Schichten in uns angesprochen. Da erwächst in uns die Ahnung von einem letzten Schutz in allen Gefahren, die Ahnung von Gottes Mütterlichkeit, die uns auch in den Bedrohungen des Meeres mit liebenden und zärtlichen Händen hält. Gottes mütterliche Sorge in allen Situationen unseres Lebens und in allen Dunkelheiten, die aus dem Unbewußten aufsteigen, wird erfahrbar. Wenn die evangelische Kirche ihren reichen Schatz an Liedern singt, dann hat das eine ähnliche Wirkung. Auch da verstehen viele den Text kaum noch. Doch indem sie die vertrauten Lieder singen, wird emotional in ihnen etwas angerührt. Sie fühlen sich nachher besser. Sie haben teil an der Erfahrung Gottes, die dieses Lied seit langer Zeit den vielen Sängern geschenkt hat, die Erfahrung von einer Geborgenheit in Gott, die man durch theologisch exakte Sätze nicht vermitteln kann, sondern nur durch so ungeschützte Bilder, wie sie die Marienlieder verwenden.

8. Gedächtnis der Schmerzen Mariens — 15. September

Der Gedenktag der Schmerzen Mariens zeigt Maria als eine leidgeprüfte Frau. Sie bietet uns mit unsern Schmerzen und Wunden eine Möglichkeit der Identifikation. Wir gedenken der Schmerzen Mariens, um für unsere eigenen einen angemessenen Ausdruck zu finden. 7 Schmerzen hat die Tradition Maria zugeschrieben:
1. Die Simeon-Weissagung (Lk 2,35), 2. die Flucht nach Ägypten (Mt 2,13−15), 3. die Erfahrung der Fremdartigkeit des Selbstzeugnisses Jesu (Lk 2,48f), 4. den von den Frauen beweinten Jesus auf dem Kreuzweg (Lk 23,27f), 5. die Kreuzigung Jesu (Lk 23,33) und seine Mutter unter dem Kreuz (Joh 19,25) als Erfüllung der Simeonweissagung, 6. den vom Kreuz abgenommenen Leichnam Jesu (Joh 19,38) in den Armen seiner Mutter, 7. die Grablegung Jesu (Joh 19, 40−42).[43]
In den 7 Schmerzen können wir unsere Enttäuschungen, unsere Schmerzen und unsere Trauer wiederfinden und zur Sprache bringen. Auch unsere Seele durchdringt oft ein Schwert, wenn ein Mensch uns enttäuscht oder verletzt, wenn Gott uns etwas zumutet, was all unsere Vorstellungen durchkreuzt. Die Flucht nach Ägypten ist Zeichen für die Fremde, in die wir fliehen müssen. Wir fühlen uns abgelehnt, fremd, schutzlos, namenlos, wir werden ausgestoßen, abgeschoben, als lästig empfunden. Für viele ist das die Beschreibung einer inneren Situation, für die vielen Flüchtlinge und Assylanten jedoch trifft es ihre tatsächliche Lage. Sie können sich mit Maria identifizieren, und das Fest der 7 Schmerzen kann ihnen helfen, sich selbst nicht aufzugeben, in Maria an ihrer Identität festzuhalten und mit ihr auf ein neues Leben zu hoffen.
Wie oft können wir unsere Verwandten und be-

sten Freunde nicht mehr verstehen. Wir spüren, daß da in ihnen etwas ist, das wir nicht erreichen, eine Gottunmittelbarkeit, vor der wir in Ehrfurcht zu schweigen haben. Wir müssen anerkennen, daß der andere nicht bei uns, sondern im Hause seines Vaters sein muß. Maria begegnet Jesus auf dem Kreuzweg, auf dem Weg der Erniedrigung und der Schmach. Es ist oft schwerer, die geliebten Menschen leiden zu sehen, als selbst zu leiden, ohnmächtig dabei stehen zu müssen, wie der andere gekreuzigt wird und stirbt, – wie der Krebs alle Hoffnungen zunichte macht. Maria bleibt nichts übrig, als den toten Jesus im Schoß zu tragen, ihren geliebten Sohn, dem so große Verheißungen galten, der soviel versprochen hat. Ihre Hoffnungen muß sie zu Grabe tragen.

Am Fest der 7 Schmerzen Mariä dürfen wir unsere Schmerzen zulassen, wir dürfen sie vor Gott ausdrücken. Wir müssen uns nicht dazu zwingen, sie im Glauben zu überwinden oder sie gar zu unterdrücken. Wir dürfen uns ohnmächtig fühlen, einsam und unverstanden. Aber wir sollen uns nicht in die Schmerzen vergraben, sondern unsern Schmerz in den Schmerzen Marias anschauen und ihn mit Maria vor Gott hinhalten. Indem wir ihn in Maria anblicken, kann er auch geheilt werden.

Das Fest Mariä Schmerzen hat eine ähnliche Wirkung auf uns wie die Beschäftigung mit der Passion Jesu. Doch es stellt einen andern Aspekt unserer Leiderfahrung und Leidbewältigung dar. Es zeigt die weibliche Weise, mit dem Schmerz umzugehen. Und die unterscheidet sich von der männlichen Art, auf das Leiden zu reagieren. Die Frau sucht das Leiden zu verstehen, ihm auf den Grund zu gehen, es liebend zu durchdringen und es auszutragen, bis Neues daraus geboren wird, während der Mann es eher aktiv auf sich nimmt, es aushält und durchsteht. Er läßt sich auf das Leiden wie auf einen Machtkampf ein und versucht, als der stärkere daraus hervorzugehen. Maria übersteigt die Ebene des Machtkampfes. In ihrer mütterlichen Liebe hebt sie das Leiden auf. Nicht der Kampf, sondern die Liebe erweist sich als die stärkere.

Das Volk hat sich in der leidenden Maria wiedergefunden. Besonders beliebt war die Darstellung der Pietá. Im Mittelalter entstanden zahlreiche sog. „Vesperbilder". Maria wird dargestellt als schmerzerfüllte Mutter, die ihren toten Sohn in den Armen hält. Dieses Bild gab den Menschen die Möglichkeit, ihren eigenen Schmerz anzuschauen, ihn aufgehoben zu wissen bei Gott, beim mütterlichen Gott. Die eigenen leidvollen Erfahrungen ausgedrückt zu sehen in einem heiligen Bild, tröstet und nimmt dem Schmerz das Undurchschaubare, Sinnlose, das Isolierende und Niederdrückende.

Das hat die evangelische Schwesterngemeinschaft (CCR) auf dem Schwanberg auch erfahren. Als einige Schwestern krank wurden, und die Gemeinschaft mehr als früher mit dem Phänomen der Krankheit konfrontiert wurde, stellte sie eine Pietá in der Kapelle auf, als ein Zeichen, in dem ihre eigene Situation dargestellt und hineingetaucht wurde in das mütterliche Erbarmen Gottes.

In der Pietá stoßen wir auf unsere Verletzbarkeit. Wir können die Pietá nicht betrachten, ohne unsern Gefühlspanzer zu durchbrechen. Der Blick auf die leidende Mutter ermutigt uns, uns dem Leid unserer Mitmenschen zu öffnen und uns dem Risiko der Verletzung auszusetzen. Er macht uns verwundbar gegenüber dem hilfesuchenden Nächsten, aber er lenkt unsere Augen auch auf das Wundgeschlagene und Getötete in uns. Wie Maria sollen wir es liebend in die Arme nehmen, damit es zu neuem Leben auferstehen kann. Aber zugleich wissen wir uns mit unsern Schmerzen von den mütterlichen Armen Gottes gehalten und können getröstet und ausgesöhnt mit unsern Schmerzen uns wieder neu dem Leben zuwenden.

Die Pietá trägt den toten Jesus in ihren Armen. Das ist ein Bild dafür, was uns im Tod erwartet. Wir werden im Tod in die liebenden Arme des mütterlichen Gottes hineinsterben. Wir werden im Tod nicht in eine fremde, dunkle und abweisende Welt eintauchen, sondern von den liebenden Armen einer Mutter erwartet. So nimmt uns Maria die Angst vor dem Tod. Das ist sicher auch ein Grund dafür, warum alte Leute so gerne den Rosenkranz beten und darin Frieden und Zuversicht finden. Wenn sie immer wieder beten: „Heilige Maria, Mutter Gottes, bitte für uns, jetzt und in der Stunde unseres Todes", dann beten sie sich in das Vertrauen hinein, daß sie im Tod in Gottes mütterliche Arme hineinsterben, daß ihr Tod wie eine Geburt ist, jetzt nicht aus der Mutter heraus, sondern in die Mutter hinein, daß ihre Sehnsucht nach absoluter Geborgenheit, die sie im Mutterschoß erfahren haben, nun im Tod in einer neuen Weise erfüllt wird. Bei solchem Beten spielen ja viele archetypische Bilder mit, im Unbewußten wächst da die Ahnung von Gott als der Todesmutter, die dem Tod das Schreckliche nimmt.

In seinem Roman „Narziß und Goldmund" zeichnet Hermann Hesse Goldmund als einen Menschen, der auf der Suche nach seiner Mutter ist. Zunächst sucht er seine Mutter in der Freundschaft zu Narziß, dann in vielen Lebensabenteuern mit Frauen, um schließlich als Bildhauer seine Muttersehnsucht in einer Marienstatue auszudrücken. Auf dem Sterbebett spürt er, daß er im Tod in seine Mutter hineinstirbt, daß er da finden wird, was er zeit seines Lebens gesucht hat. Zu Narziß, der beim Sterbenden wacht, sagt er: „Aber wie willst denn du einmal sterben, Narziß, wenn du doch keine Mutter hast? Ohne Mutter kann man nicht lieben. Ohne Mutter kann man nicht sterben."[44] Narziß brennen diese Worte in seiner Seele. Denn ihm, dem strengen Asketen und gebildeten Mönch, fehlt etwas. Er hat nie richtig seine Mutter erfahren. So wird er streng und hart gegenüber sich selbst, beherrscht und ausgeglichen, während sein Freund Goldmund das Leben in vollen Zügen genossen hat.

In Maria haben wir eine Mutter, ganz gleich wie unsere persönliche Mutter auch war. Maria zeigt uns Gott als unsere wahre Mutter. Und so läßt uns Maria in Frieden sterben. Im Blick auf die Mutter mit dem toten Jesus im Schoß können wir uns ohne Angst im Tod fallen lassen, weil wir wissen, daß uns die zärtlichen Arme unserer Mutter erwarten.

9. „Engel des Herrn" und marianische Antiphonen

In unserer benediktinischen Spiritualität tritt Maria nicht nur an den Marienfesten in den Blickpunkt, sondern auch im Alltag in zwei Andachtsübungen, die eine lange Tradition haben: im dreimaligen „Engel des Herrn" und in den marianischen Antiphonen am Ende der Komplet. Für uns ist das ein gesundes Maß. Der geistliche Tag ist sonst geprägt von den Psalmen, von Schriftlesung und Meditation, von Eucharistie und vom Suchen nach Gott in Stille und Einsamkeit. Im Zentrum unseres religiösen Lebens steht immer der Gott und Vater Jesu Christi, der uns in seinem Sohn nahe gekommen ist und in uns Gestalt annehmen will. Im „Engel des Herrn" und in den marianischen Antiphonen wird das Geheimnis der Menschwerdung und das Geheimnis Gottes nun von Maria aus angeschaut. Für evangelische Christen mögen diese traditionellen Andachtsformen fremd sein. Sie müssen auch nicht einfach übernommen werden. Es würde genügen, wenn sie Verständnis dafür hätten.

Der Brauch, den „Engel des Herrn" morgens, mittags und abends zu beten und dabei die Glocken zu läuten, geht in das 14. Jhd. zurück und hat sich beim Volk tief eingeprägt. Der „Engel des Herrn" wurde ein Volksbrevier genannt. So wie das Chorgebet die Zeiten des Tages heiligt, so soll es auch das dreimalige Gedenken an die Erlösung durch Jesus Christus, die der „Angelus" beschreibt. Die Glocken erinnern die Menschen in einer weltlich gewordenen Welt an die Quelle, aus der sie leben. Es bricht in ihr alltägliches Tun etwas ein von der Ahnung um das Geheimnis Gottes, der gnädig an uns handelt und uns seinen Sohn in unsere konkrete Existenz schickt. Daß dieses Gedenken an Gottes erlösende Tat in einer marianischen Form geschieht, entspricht dem Bedürfnis des Volkes, das Gottes Handeln in einem menschlichen Licht sehen möchte. Der „Engel des Herrn" beschreibt die Menschwerdung von Maria her, und zwar in Worten der Bibel, in einer Kombination aus Lukas und Johannes, in einer Zusammenschau der anthropologischen Sicht bei Lukas und der theologischen bei Johannes.

Dreimal täglich wird uns die archetypische Szene der Verkündigung vorgestellt. Und in 3 Schritten wird ihr Geheimnis entfaltet: „Der Engel des Herrn brachte Maria die Botschaft und sie empfing vom Hl. Geist." Hier wird die Initiative Gottes betont. Gott handelt an Maria. Gott möchte auch an uns handeln. Er bringt uns täglich seine Botschaft durch seinen Engel. Engel, das können Menschen sein, die uns auf etwas hinweisen, die uns Neues erschließen, das kann ein Augenblick sein, in dem uns etwas aufgeht, und das kann ein Wort der Schrift sein, das uns bewegt. Maria hat vom Hl. Geist empfangen. Bei ihr blieb es nicht bei einem flüchtigen Hören oder Spüren. Der Hl. Geist hat sich in sie eingesenkt. Sie wurde schwanger von ihm.

„Maria sprach: Siehe, ich bin eine Magd des Herrn, mir geschehe nach deinem Wort". Hier geht es um unser Antworten auf Gottes Willen. Morgens, mittags und abends sprechen wir das Fiat, um uns einverstanden zu erklären mit dem, was Gott uns heute zumutet oder was er uns schon zugemutet hat. Es ist ein Jawort zum Leben, ein Sichaussöhnen mit dem Alltag. Und indem wir das Wort Marias nachsprechen, ändert sich unsere Einstellung zu dem, was wir heute erlebt haben. Wir sehen es von einer andern Warte aus. Wir sagen Ja dazu, auch wenn wir es nicht verstehen. Wir lassen Gottes Willen an uns geschehen und erfahren in diesem Fiat einen inneren Frieden, ein Einverstandensein mit dem Leben. So ist der „Engel des Herrn" eine tägliche Einübung in unsern Glauben. An den markanten Zeiten des Tages gebetet verbindet er so unsern Glauben mit dem konkreten Alltagsgeschehen. Er ist eine Lebenshilfe, eine Hilfe, mit dem fertig zu werden, was gerade an uns und mit uns geschieht.

Der dritte Schritt verbindet die johanneische mit der lukanischen Sicht der Erlösung. „Und das Wort ist Fleisch geworden und hat unter uns gewohnt." Wir gedenken des zentralen Wunders unserer Erlösung. Gott ist Mensch geworden. Er ist nicht mehr der Ferne. Er wohnt jetzt unter uns. Am Morgen gibt dieses Wort meinem Tag eine andere Dimension. Es wird kein gottloser Tag werden. Gott wird heute bei mir wohnen. Er wohnt jetzt in aller Frühe bei mir, unter uns. Und so kann ich mich auf diesen Tag einlassen. Am Mittag, da inzwischen vieles geschehen ist, da manches schief gelaufen ist, da ich gerade mitten in der Arbeit bin und von ihr manchmal fast aufgefressen werde, da sagt mir dieses Wort: Gott wohnt auch da unter uns, mitten im Durcheinander des Alltags ist er unter uns als der ruhende Pol. Und am Abend will mich dieses Wort dazu einladen, den Tag mit seiner Arbeit hinter mir zu lassen und mich dem Geheimnis meines Menschseins, dem Geheimnis einer Erlösung, dem Geheimnis des menschgewordenen Gottes zuzuwenden. Von daher wird mein Leben heil. Ich kann mich getrost der Nacht übergeben, da Gott unter uns wohnt. Nach den Mühen des Tages kann ich ausruhen, daheim sein, da das Geheimnis selbst unter uns wohnt.

Jeder der drei Schritte wird mit einem Ave Maria

verbunden, um ihn im Herzen zu meditieren. Wir beten in unserer Gemeinschaft den Angelus bewußt schweigend, weil es weniger ein Gebet als eine Meditation ist, eine Meditation unserer Erlösung in Jesus Christus, der aus Maria, der Jungfrau, geboren wurde. Vielleicht kann das dreimalige Angelusläuten auch unsern evangelischen Brüdern und Schwestern eine Hilfe sein, das zentrale Geheimnis unseres Glaubens zu meditieren, ob sie es jetzt von Maria aus betrachten oder mehr von Christus oder von Gott aus, das ist letztlich gleichgültig. Entscheidend ist, daß wir uns Tag für Tag dem Geheimnis der Menschwerdung stellen und uns einüben in einen Glauben, der den Alltag von Gott her sieht und annimmt.

Jeden Abend singen wir zum Abschluß der Complet eine marianische Antiphon. Je nach dem Kirchenjahr trifft eine andere Antiphon, von Pfingsten bis zum Advent „Salve regina", in der Advents- und Weihnachtszeit „Alma redemptoris mater", dann bis Ostern „Ave regina caelorum" und in der Osterzeit „Regina caeli".

Am Ende des Tages lassen wir in den Bildern der Marienlieder unsere Sehnsucht nach dem mütterlichen Gott hochsteigen. Da dürfen wir unsere Gefühle ausdrücken. Da kommt in das Herbe einer von Psalmen geprägten Liturgie etwas Mildes und Gütiges, etwas Frauliches und Spielerisches, die Poesie, die Maria als Spiegel für Gottes zärtliche Liebe preist. Wir singen die marianischen Antiphonen lateinisch. Da stimmen die Bilder. Im Deutschen würden sie kitschig wirken und ihre Kraft verlieren. Die Bilder beschreiben unser Leben vor Gott. In ihnen bekommt unser Leben eine neue Dimension, etwas Zartes, Hoffnungsvolles, Liebes. Ein Bild kann man nie bloß auf eine Person richten. Das Bild schließt immer mehr in sich zusammen. In den Bildern des „Salve Regina" sind es drei Pole, die miteinander verbunden werden: Gott, Maria und wir selbst. In Maria schauen wir auf Gott als unser Leben, unsere Wonne und unsere Hoffnung. Und Maria ist Zeichen dafür, daß unser Leben eine neue Farbe hat, daß wir eingetaucht sind in die Güte und Menschenfreundlichkeit Gottes. Wir fühlen uns in diesen Bildern vor Gott neu, wir fühlen uns geliebt, geborgen. Es entsteht durch das Singen eine Atmosphäre von Liebe, Zärtlichkeit und Geborgenheit.

Und in dieser Atmosphäre von Geborgenheit und Verstandenwerden dürfen wir nun auch unser Leben in seinen negativen Seiten zur Sprache bringen. Wer seine Sehnsucht hochkommen läßt, der begegnet auch seiner Traurigkeit, die die Sehnsucht als ihren Nährboden braucht. Wenn es dunkel wird, tauchen die eigentlichen Sehnsüchte und Ahnungen unseres Herzens auf. Da spüren wir, daß wir nicht den ganzen Tag nur arbeiten können, sondern daß wir eine andere Bestimmung haben, daß wir bei Gott daheim sein möchten. Die theologische Kritik an dem Ausdruck „Tal der Tränen" trifft nicht. Es ist ein Bild für unser Leben, keine Reduzierung der Welt auf ein Jammertal, in dem man wie in einem Wartezimmer auf Gott wartet. Das Tal der Tränen ist ein Aspekt unserer Welterfahrung. Und auch diesen Aspekt gilt es auszudrücken. Kurz vor der Nacht, den Ahnungen des Herzens lauschend, Maria anschauend, da sehnen wir uns nach dem mütterlichen Gott, an den Maria uns erinnert.

Ein junger Mann erzählte mir, er wisse gar nicht so genau, was er beim Salve Regina singe. Aber die Melodie gefalle ihm so gut. Er singe es einfach gern und fühle sich wohl dabei. Wenn von einem Singen eine so heilsame Wirkung ausgeht, dann hat es seine Berechtigung in sich. Das Singen spricht tiefere Schichten in uns an als Nachdenken oder Aussprechen. Im Salve Regina ist der Text mit der Melodie eine so innige Verbindung eingegangen, ist eine so stimmige Einheit entstanden, daß man beides nicht mehr voneinander trennen kann. Und ich kann nicht mehr sagen, was mehr in mir bewirkt, die Worte und Bilder oder die Melodie.

In der Advents- und Weihnachtszeit singen wir das „Alma Redemptoris mater", das das Geheimnis der Menschwerdung aus der Jungfrau bestaunt und es von Maria aus dichterisch entfaltet. In der Fastenzeit unterbricht das „Ave Regina caelorum" die Strenge der Buße und bringt etwas Spielerisches hinein. Wir drücken unsere Freude aus, daß Gott durch das Tor Marias zu uns gekommen ist, um uns zu erlösen.

Im „Regina Caeli" besingen wir Ostern von Maria her. Maria wird zum Spiegel der Ostererfahrung. Wir drücken unsere Osterfreude aus, indem wir Maria aufrufen, sie solle sich über die Auferstehung ihres Sohnes freuen. Wie sollten wir denn unsere Osterfreude in Worte fassen? Wir können sie nur ausdrücken, indem wir Gottes Tun beschreiben: die Auferweckung seines Sohnes. Aber es werden uns immer wieder die gleichen Worte einfallen, Gottes Handeln zu benennen. Das „Regina caeli" sieht die Auferstehung vom Erleben Marias her. Wir lassen unserer Phantasie freien Lauf. Wir stellen uns vor, wie sie reagiert hat auf die Auferstehung ihres Sohnes. Und indem wir uns das vorstellen, projizieren wir unsere eigenen Wünsche und Gefühle in sie hinein. Wir drücken unsere Gefühle und unsere Osterfreude aus, indem wir sie in Maria hineinverlegen. Und das ist legitim. Das machen die Dichter nicht anders. Auch sie lassen das gleiche Ereignis von verschiedenen Personen erzählen und beleuchten, um dem Ereignis selbst besser auf die Spur zu kommen. So ist das Regina caeli ein Lied, in dem wir durch Maria und mit ihr zusammen das Ostergeheimnis besingen und im Singen das Geheimnis selbst berühren möchten.

Schluß

Die Marienfrömmigkeit der katholischen Kirche hat sich seit der Aufklärung in einer Weise entwickelt, die bei evangelischen Christen auf Unverständnis stößt. Als Reaktion auf die Rationalisierung der Religion in der Aufklärung wurde in der Marienverehrung das Gefühl betont. Diese Reaktion ist verständlich und gesund. Aber sie hat auch zu Übertreibungen geführt. Als Benediktiner fühlen wir uns der Spiritualität der Kirchenväter und der Tradition des Mönchtums verpflichtet, die diese Übertreibungen nie mitgemacht hat. Insofern ist es für evangelische Gläubige sicher leichter, die Marienverehrung der offiziellen Liturgie und der monastischen Tradition nachzuvollziehen, als sich auf die Formen der Volksfrömmigkeit einzulassen, die theologisch nicht immer bestätigt werden können.

Die Darstellung der Marienfeste will die evangelischen Brüder und Schwestern nicht dazu treiben, Maria in den Mittelpunkt ihres Glaubens zu rücken. Sie soll nur die Stellung erhalten, die ihr die Heilige Schrift und die Tradition der frühen Kirche eingeräumt hat. Es täte uns allen sicher gut, wenn wir am Erfahrungsschatz früherer Jahrhunderte teilhaben. Das gelingt aber nur, wenn wir unbefangen und ohne Polemik über Maria sprechen und im Dialog aufeinander hören könnten. Die katholischen Theologen können vom evangelischen Standpunkt lernen, der Christus als den alleinigen Mittler zwischen Gott und

Menschen bekennt und empfindlich auf etwaige Gleichstellungen von Maria und anderer Heiliger reagiert. Und die evangelischen Theologen könnten von der katholischen Marienverehrung lernen, daß Gott sich in menschlichen Spiegeln offenbart und daß es unserer Seele gut tut, das Wunder der Menschwerdung durch den fraulichen und mütterlichen Spiegel Marias zu betrachten und zu preisen. Die Aufgabe eines evangelisch-katholischen Dialogs über Maria wäre, darüber zu wachen, daß die Marienverehrung eine gesunde Form hat, unsere Gefühle Gott gegenüber auszudrücken und Gottes Mütterlichkeit zu bekennen, zugleich sollten wir wachsam beobachten, wo sie in Gefahr ist, uns in Emotionen zu treiben, die uns den Blick für Gottes Heilshandeln in Jesus Christus verstellen. Dabei gehören eine gesunde Skepsis und ein vorurteilsfreies Ausprobieren zusammen. Eine solide Theologie im Hinterkopf können wir uns mit gutem Gewissen einlassen auf die Poesie der Marienlieder und auf die Feier der Marienfeste. Dabei sollten wir auf unsere Gefühle achten, die in uns hochsteigen. Sind sie nur sentimental, dann halten sie uns von Gott ab. Wir schwimmen dann nur in Emotionen. Die Gefühle sind uns wichtiger als Gott. Machen die Gefühle uns jedoch lebendig und erfüllen sie uns mit innerem Frieden, dann sind sie echt. Und dann dürfen wir sie mit gutem Gewissen zulassen. Sie erfüllen unsern Glauben mit Leben, und sie spiegeln in uns die Erfahrung von Gottes gnädigem Handeln an uns wider. Sie lassen uns mit Fleisch und Blut, mit Leib und Seele, mit Verstand und Herz spüren, daß Gott in seinem Sohn Jesus Christus aus Maria, der Jungfrau, in unsere Welt getreten ist und uns in ihm seine väterliche und mütterliche Liebe geoffenbart und für immer zugesagt hat.

ANMERKUNGEN

[1] L. Boff, Ave Maria. Das Weibliche und der Hl. Geist. Düsseldorf 1982, 25.

[2] Vgl. H. Rahner, Symbole der Kirche. Die Ekklesiologie der Väter, Salzburg 1964, 41ff.

[3] Vgl. K. Rahner, Maria. Mutter des Herrn, Freiburg 1965, 20.

[4] Vgl. E. Neumann, Die Große Mutter. Eine Phänomenologie der weiblichen Gestaltungen des Unbewußten, Olten 1978, 67.

[5] Vgl. R. Rohr, Der wilde Mann. Geistliche Reden zur Männerbefreiung, München 1986.

[6] Vgl. E. Neumann, Zur Psychologie des Weiblichen, Zürich 1953, 21ff.

[7] Boff, Ave Maria 95.

[8] Vgl. Neumann, die Große Mutter 263f.

[9] A. Greeley, Maria. Über die weibliche Dimension Gottes, Graz 1979, 129.

[10] De Antichristo 61 (GCS Hippolyt I, 2.41f), zit. in: H. Rahner, Maria und die Kirche, Innsbruck 1951, 45.

[11] De sanguisuga 8,2 (GCS Methodius, 486), zit. ebd. 46.

[12] Ps. Chrysostomus, De caeco et Zachaeo 4 (PG 59,665), zit. in: Rahner, Symbole der Kirche 43.

[13] Ebd. 49.

[14] Ebd. 55f; Zitat v. Maximus, Expos. or. dom. (PG 90, 889 BC).

[15] Ebd. 61.

[16] Angelus Silesius, Der cherubinische Wandersmann, Bremen o.J., 4.

[17] Vgl. H. Rahner, Maria und die Kirche 58.

[18] Vgl. Boff, Ave Maria 53ff.

[19] Ebd. 53.

[20] Sermo 24,3 (PL 54,206 A), zit. in Rahner, Maria und die Kirche 69.

[21] Tractatus 33 (PL 11, 479 A), zit. ebd. 72.

[22] Sermo 117 (PL 52, 521 B), zit. ebd. 72.

[23] Vgl. E. Wölfel, Erwägungen zu Struktur und Anliegen der Mariologie, in: W. Schöpsdau, Mariologie und Feminismus, Göttingen 1985, 91. Virginität „zielt auf die in sich geschlossene Ganzheit und da-

durch sich Autonomie und Würde gewinnende Ei-
genständigkeit des Weiblichen." (Ebd. 89) Chatari-
na J.M. Halkes, eine der wichtigsten Vertreterinnen
der feministischen Theologie, schreibt: „Jungfrau
heißt dann nicht primär die Frau, die von allem se-
xuellem Verkehr absieht, sondern die Frau, die kein
abgeleitetes Leben führt, als Mutter von, Tochter
von, Gattin von . . ., sondern die zu einer Ganzheit
in sich selbst heranreift, die als Person intakt ist, die
sich selbst angehört und aus ihrer eigenen Mitte heraus offen für andere, für Gott ist." „Jungfräulichkeit ist ein Bild für Selbstwerdung und Selbstaktua-
lisierung, – nicht, um damit Trennung, Kälte und
Distanz zwischen mir selbst und jeden anderen zu
schieben, nicht um eine Bezogenheit einzig auf mich
selbst zu propagieren, sondern um auszudrücken:
Leben von innen heraus, von einem selbst gefunde-
nen Zentrum her, aus mir selbst als Selbst." Ch.
Halkes, Maria, die Frau. Mariologie und Feminismus, ebd. 61f.

24 Greeley, Maria 161.
25 Vgl. Neumann, Die Große Mutter 293.
26 A. Silesius, Der Cherubinische Wandersmann, 53
u. 104.
27 Vgl. Rahner, Symbole der Kirche 67.
28 Vgl. Halkes, Maria, die Frau 64.
29 K. Rahner, Maria. Mutter des Herrn 92.
30 Ebd. 93.
31 C.G. Jung, Gesammelte Werke, Bd. XI, Zürich
1963, 498.
32 Ebd. 496. Die folgenden Zitate ebd. 497f.
33 Sermo 11 u. 12 (Opera syrice et latine II, Rom 1740,
429f), zit. in: Rahner, Maria und die Kirche 119.
34 Ebd. 121. Das Augustinuszitat aus: Enarr. in Psal-
mos 102,9 (PL 37,1323f).
35 Rahner, Maria, Mutter des Herrn 94.
36 H. Rahner, Symbole der Kirche 163.
37 Oratio 52 (PL 158, 955f), zit. in: Lektionar zum
Stundenbuch I/1, Freiburg 1978, 212f.
38 Oratio, PG 97, 805ff, zit. ebd. I/7, Freiburg 1979,
241.
39 G. Voss, Festtage der Mutter Gottes, in: W. Beinert, Maria heute ehren, Freiburg 1977, 167.

[40] Boff, Ave Maria 43.
[41] Ebd. 44.
[42] Zit. bei Voss, Festtage 166
[43] G. Voss, Gedenktage Mariens, in: Beinert, Maria heute ehren. 205.
[44] H. Hesse, Narziß und Goldmund, Berlin 1947, 417.

MÜNSTERSCHWARZACHER KLEINSCHRIFTEN

Schriften zum geistlichen Leben · ISSN 0171-6360

57	Grün/Dufner, **Gesundheit als geistl. Aufgabe**	(1989) 108 S., DM 12,80
58	Grün, A., **Ehelos – des Lebens wegen**	(1989) 88 S., DM 10,80
59	Staniloae, D., **Gebet und Heiligkeit**	(1990) 48 S., DM 5,80
60	Grün, A., **Gebet als Begegnung**	(1990) 88 S., DM 10,80
61	Doppelfeld, B., **Mission als Austausch**	(1990) 72 S., DM 8,80
62	Abeln/Kner, **Kein Weg im Leben ist vergebens**	(1990) 56 S., DM 6,80
63	Faricy/Wicks, **Jesus betrachten**	(1990) 40 S., DM 5,80
64	Grün, A., **Eucharistie und Selbstwerdung**	(1990) 94 S., DM 10,80
65	Doppelfeld, B., **Ein Gott aller Menschen**	(1991) 80 S., DM 9,80
66	Abeln/Kner, **Wie werde ich fertig m.m. Alter?**	(1992) 76 S., DM 8,80
67	Grün, A., **Geistl. Begleitung bei d.Wüstenv.**	(1992) 100 S., DM 11,80
68	Grün, A., **Tiefenpsycholog. Schriftauslegung**	(1992) 108 S., DM 12,80
69	Doppelfeld, B., **Symbole,** Teil 1	(1993) 112 S., DM 12,80
70	Doppelfeld, B., **Symbole,** Teil 2	(1993) 100 S., DM 11,80
71	Grün, A., **Bilder von Verwandlung**	(1993) 100 S., DM 11,80
72	Simons, G. F., **Religiöse Erfahrung,** Teil 1	(1993) 100 S., DM 11,80
73	Müller, W., **Meine Seele weint**	(1993) 68 S., DM 7,80
74	McDonnell, K., **Die Flamme neu entfachen**	(1993) 44 S., DM 5,80
75	Alphonso, H., **Die Persönliche Erfahrung**	(1993) 70 S., DM 8,80
76	Grün/Riedl, **Mystik und Eros**	(1993) 114 S., DM 12,80
77	Ziegler, G., **Der Weg zur Lebendigkeit**	(1993) 76 S., DM 8,80
78	Doppelfeld, B., **Symbole,** Teil 3	(1993) 88 S., DM 9,80
79	Ruppert, F., **Der Abt als Mensch**	(1993) 48 S., DM 5,80
80	Tiguila, B., **Afrikanische Weisheit**	(1993) 50 S., DM 6,80
81	Grün, A., **Biblische Bilder von Erlösung**	(1993) 102 S., DM 11,80
82	Grün, A., **Spiritualität von unten**	(1994) 108 S., DM 12,80
83	Doppelfeld, B., **Symbole,** Teil 4	(1994) 74 S., DM 8,80
84	Wilde, M., **Ich verstehe dich nicht!**	(1994) 56 S., DM 6,80
85	Abeln/Kner, **Das Kreuz mit dem Kreuz**	(1994) 68 S., DM 7,80
86	Ruppert, F., **Mein Geliebter, die riesigen Berge**	(1995) 85 S., DM 9,80
87	Doppelfeld, B., **Zeugnis und Dialog**	(1995) 92 S., DM 10,80
88	Friedmann, E., **Die Bibel beten**	(1995) 112 S., DM 12,80
89	Müller, W., **Gönne Dich Dir selbst**	(1995) 74 S., DM 8,80
90	Ruppert, F., **Urwald und Weisheit**	(1995) 72 S., DM 8,80
91	Simons, G. F., **Religiöse Erfahrung,** Teil 2	(1995) 102 S., DM 11,80
92	Grün, A., **Leben aus dem Tod**	(1995) 104 S., DM 11,80
93	Grün, A., **Treue auf dem Weg**	(1995) 116 S., DM 12,80
94	Friedmann, E., **Ordensleben**	(1995) 104 S., DM 11,80

Weitere Veröffentlichungen folgen.

Vier-Türme-Verlag
D-97359 Münsterschwarzach Abtei

Telefon 0 93 24/20-2 92
Telefax 0 93 24/20-4 52